심리학 실험 제작 프로그램

PSYCHOPY BUILDER 사이코파이 빌더

예제로 배우기

남종호 저

학지사

머리말

심리학을 전공하면 할수록 인간의 행동을 과학적으로 연구하는 것이 매력적이면서도 도전적이라는 생각을 하게 된다. 수준 높은 측정 자료에 대한 갈망이 커지고, 이를 위한 다양한 방법을 시도하게 된다. 기존에 없었던 측정 도구가 도입되어 연구 분야 내에서 사용이 점차 확산되면, 인간 사고와 행동 영역에 보다 더 본질적으로 접근할 수 있다는 연구자의 기대감은 커진다. 그런데 다른 한편으로는 이런 측정 방법과 도구는 하나의 높은 봉우리처럼 난데없이 솟아오른 것이나 다름없고, 이때 "아! 저거를 어떻게 대해야 하나?" 그리고 "이거 못하면 연구는 물 건너가는 것인가?" 하는 좌절을 주기도 한다. 하지만 이것은 도전해야 할 문제로 변한다.

한국 심리학 분야에서 컴퓨터가 도입되었던 초창기가 바로 그런 모습이었던 것 같다. Apple II 컴퓨터는 기계어로 작성된 반응 시간 측정 루틴으로 플로피디스크 저장 장치에 반응을 기록하는 보조 역할을 맡았다. 모든 실험 절차를 맡기지 못했던 것은 컴퓨터의 기능에 대한 신뢰가 없었기 때문이다. IBM PC의 등장과 더불어 개인용 컴퓨터의 시대가 본격적으로 열리면서 심리학 연구에서 컴퓨터는 이제 필수품이 되었다. 모니터에 직접 자극을 제시하고 반응을 받는 실험도 수행할 수 있었다. 이때부터 가장 큰 장애는 실험 프로그램은 누가 작성해 줄 수 있느냐는 것이었다. Pascal 그리고 C 언어를 알아야 심리학 실험 프로그램을 작성할 수 있었으며, 실험 연구를 하는 학생들에게는 심리학 공부보다 컴퓨터 프로그래밍 언어 습득이 우선이 되어야 하는 주객전도(主客顚倒) 상황이 시작되었다.

심리학 전공자가 C 언어로 심리학 실험 프로그램을 작성할 정도가 되려면 적어도 1년 이상의 공부가 필요하다는 이야기가 한때 미국에서 유행했다. 1990년대 초, 이런 장벽을 낮추고자 일단의 연구자 그룹이 만든 Psychtoolbox가 Matlab® 프로그램의 확장 패키지 형식으로 연구자들 사이에 시나브로 퍼지기 시작했다. Matlab과 Psychtoolbox를 사용하면 비교적 짧은 기간인 6개월이면 실험 프로그램을 작성할 정도의 활용 능력 수준이 되었다. 상용 프로그램인 Matlab에 기반하지만 Psychtoolbox는 시지각 연구자들의 필수 도구로 지금도 폭넓게 자리하고 있다.

저자는 2009년에 PsychoPy를 처음 접하고 놀라움을 경험했다. PsychoPy 패키지는 짧은 학습 기간을 보장하는 Python 언어를 기반으로 한 데다가 GPL3 라이선스로 Matlab과는 달리 무료로 사용할 수 있다는 장점을 가지고 있다. 게다가 여러 차례 판올림을 통해 안정화된 PsychoPy Builder는 심리학 전공자에게 컴퓨터 프로그래밍이라는 커다란 짐을 내려놓게 할 수 있다. 일부 사람들은 Python 언어도 직접 코딩을 해서 실험 프로그램을 작성하는 것이 왕도라고 주장할 수 있다. 당연히 PsychoPy도 코딩 작업을 할 수 있도록 Coder 모드를 제공한다. 그렇지만 과학으로서 심리학 연구는 연구 아이디어가 있고, 이를 해 보고싶은 누구나 할 수 있으면 더욱 좋을 것이다. "모로 가도 서울만 가면 된다"라는 속담처럼 심리학 실험 프로그램 작성이라는 목적지에 가는 또 다른 길이 있는데 진입장벽도 낮다면 금상첨화라 할 수 있다. PsychoPy Builder가 그런 길을 하나 더 열고 있다고 생각한다.

이 책은 인지심리학의 일부 주제들을 임의로 선정하여, 프로그램 작성 절차를 하나씩 따라하면서 PsychoPy Builder 활용법을 배울 수 있도록 구성하였다. 전반부에는 전체 프로그램을 작성하는 실험 사례를, 후반부에는 특정한 실험 상황에 적용할 기법을 담았다. 이것들을 차근차근 처음부터 끝까지 따라 해 볼 수 있도록 하여, 자신의 연구 아이디어를 실험으로 구현할 수 있는 수준에 도달하는 것을 목표로 삼았다. 연구자의 상상이 구체적 실험으로 실현되는 길을 이 책과 함께 나아가길 바란다.

2024년 8월
저자 남종호

차례

제1부
예제로 완성하는 실험 프로그램

제1부

예제로 완성하는 실험 프로그램

제 **1** 장

PsychoPy 소개 및 설치

1. PsychoPy 소개

PsychoPy는 Python 프로그램 언어를 기본으로, 추가(import)해서 사용할 수 있는 패키지 이름이다. Python 언어의 기능을 확장하여 활용성을 풍부하게 해 주는 패키지들은 그 이름을 "활용분야" + "Py"라고 짓는 경향이 있다. 예를 들면, Number와 관련된, 즉 수학 분야에 관한 Python 패키지가 NumPy, 과학 분야에 관한 Python 패키지가 SciPy다. 그러므로 심리학(Psychology)과 관련된 패키지라는 것을 PsychoPy라는 이름에서 유추할 수 있다. University of Nottingham의 Jonathan Peirce 교수가 PsychoPy 프로젝트를 2002년에 시작했다.[1] 지금 PsychoPy는 발전을 거듭하여 Cognitive NeuroScience에 관한 연구에 활용할 수 있는 대표적인 실험 작성 프로그램이 되고 있다.

심리학 실험 연구를 할 때는 실험 규약을 실천하여 실험 진행과 자료 수집에 오류의 가능성을 최소화하려 한다. 실험의 성공은 관심 있는 변인 이외에 다른 잠재적 변인들을 얼마나 잘 통제할 수 있는지가 관건이기도 하다. 따라서 자료 분석 뿐만 아니라 실험 수행에서 현대 심리학 연구의 필수불가결한 도구가 컴퓨터다.

그러나 컴퓨터를 활용하는 수준의 폭을 넓히고 깊이 있게 하기 위해서는 컴퓨터 프로그래밍 언어를 어느 정도 수준은 배워야 한다. 컴퓨터 과학/공학 분야에서 1970년대 말부터 시작된 대세 컴퓨터 프로그래밍 언어는 C 언어다. 그런데 C 언어를 심리학 전공자가 심리

---

1 Peirce, J. W. (2007). PsychoPy-Psychophysics software in Python. *Journal of Neuroscience Methods*, *162*(1-2): 8-13 doi:10.1016/j.jneumeth.2006.11.017

학 실험 프로그램을 작성할 정도가 되려면 적어도 1년 이상의 열공이 필요하다는 이야기가 한 때 유행했다. C 언어의 높은 장벽인 *(pointer)가 등장하는 부분부터 시작되는 좌절도 극복해야 했다. 실험심리학자가 되기도 전에 컴퓨터 프로그래머가 되어야만 하나 하는 고민이 있던 때다. 그러던 와중 psychtoolbox가 등장했다. Matlab 프로그램의 확장 패키지 형식으로 사용할 수 있었는데, 이는 시지각 연구자에게 커다란 구원의 빛이었다. 1년 이상 학습이 필요한 C 언어와 비교해서 Matlab과 psychtoolbox의 조합은 6개월이면 실험 프로그램을 작성할 정도의 활용 능력 수준에 도달할 수 있었다. 그렇지만 Matlab은 상용 프로그램이다. Matlab을 대행사가 수입해서 사용했던 2000년 초반 한국에서는 카피당 백만 원이 넘었고, 더욱이 연구용으로 외국 대학에게는 제공되던 아카데믹 라이선스의 혜택도 없었다.

그런데 2009년에 처음 접한 PsychoPy는 놀라운 경험을 주었다. Python 문법은 기존 프로그래밍 언어와 비교해서 상대적으로 쉬웠고, PsychoPy 패키지는 심리학 실험에 필요한 절차들을 자연스럽게 담아내고 있었다. 게다가 PsychoPy Builder가 안정화되면서, 이것이 심리학자들에게 컴퓨터 프로그래밍이라는 커다란 짐을 내려놓게 할 수 있다는 것을 깨닫게 되었다. 컴퓨터 프로그래밍을 수준 높게 잘 알지는 못해도 연구자가 직접 심리학과 인지 신경과학 연구를 위한 실험 프로그램을 작성할 수 있다고 믿게 되었다.

물론 PsychoPy Builder를 이용하여 작성한 실험 프로그램은 직접 코드를 작성한 것보다 세세한 조작을 못한다든가 또는 정밀도가 떨어지지나 않을까 하는 걱정이 앞설 수도 있다. 이러한 걱정은 저자도 했었기 때문에 충분히 공감이 가는 것이다. 그런데 PsychoPy Builder로 만든 프로그램 결과물은 궁극적으로 Python Code로 번역이 된다. 번역된 코드를 살펴보면, 철저하게 구조화되어 있으며, 직접 코드를 작성하는 것과 비교해도 실험 수행에 필요한 수준에 충분히 도달하고 있다는 것이 저자의 평가다. 어설프게 작성한 프로그램으로 실험의 오류가 생기는 것보다는 연구자가 연구 목적을 성취하기 위해서 PsychoPy Builder의 도움을 받을 수 있다는 것은 행운이다. 그렇다고 해서 여러분에게 PsychoPy Builder에 전적으로 의존하라고 권하지는 않는다. PsychoPy Builder 안에는 Python coding을 삽입할 수 있는 부분이 준비되어 있다. PsychoPy Builder가 제시한 틀을 이용하면서도 이 Code 삽입 부분을 적극 활용하여 실험 작성의 자유도를 넓히는 능력을 서서히 채워 나갈 수도 있다.

2. PsychoPy 설치

지금까지 PsychoPy에 관한 소개를 하였다. 이를 이용하여 프로그램을 작성하려면 당연히 PsychoPy 패키지를 컴퓨터에 설치해야 한다. 이때 권하고 싶은 것은 컴퓨터에 Python 관련 프로그램이 없는 상태로 PsychoPy를 설치하는 것이다. 예를 들면, Python.org에서 다운로드 받은 설치 프로그램(윈도우 OS의 예를 들면, Python-3.12.3-amd64.exe)이나, Anaconda 프로그램 등이다. 만일 이런 프로그램이 설치되어 있다면, 시스템에서 이를 제거한 후 PsychoPy 패키지를 설치하기를 권한다. PsychoPy 패키지는 현재 Python 3.8을 기반으로 작성되어 있다. 한 컴퓨터 내에 여러 버전의 Python이 설치되어 있어서 생기는, 대응하기 어려운 오류를 만날 가능성을 사전 방지하기 위함이다.

사이트 PsychoPy.org를 방문하여 설치 프로그램을 다운로드 한다. 웹주소는 www.psychopy.org이다.

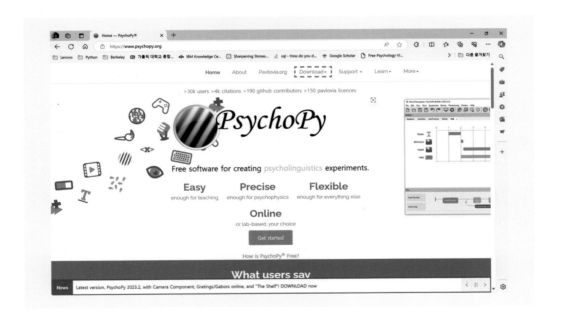

오른쪽 상단을 보면 Download 메뉴가 있고, 이것을 누르면 Install 하위메뉴가 나온다. Install을 클릭하면 다음 그림의 페이지가 나온다. 이는 다운로드 받으려고 사용한 컴퓨터의 운영체계에 맞게 제시된다. 여기서 파란색 부분을 누르면 Standalone PsychoPy 프로그램

다운로드가 시작된다. 현재는 판번호가 2024.1.3[2]인데, 본서를 접하고 있는 여러분에게는 더 새로운 Standalone PsychoPy가 가용할 수도 있다. 이해를 돕기 위해서 본서에서는 윈도우 11 OS용 컴퓨터에서 캡처한 그림들이 등장한다. 그러나 맥 OS 컴퓨터의 경우에도 화면에 등장하는 모습에 큰 차이는 없다.

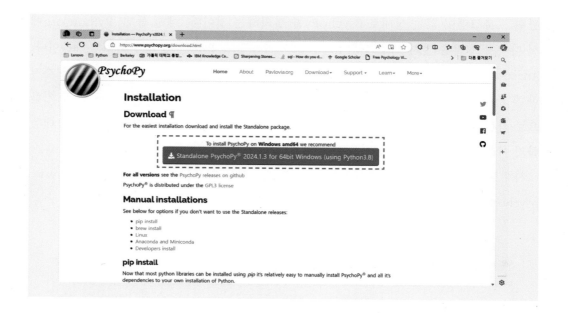

다운로드한 프로그램은 보통 '다운로드' 폴더에 있다. 탐색기를 실행하고, 다운로드 폴더에 찾아 들어가면 StandalonePsychoPy-2024.1.3-win64.exe가 있다. 물론 구체적인 프로그램명은 다를 수 있지만 StandalonePsychoPy-202x.x.x-win64.exe의 형식으로 되어 있다. 이를 실행한다. 다음과 같은 화면이 나타나는데, 이는 프로그램을 어떤 용도로 사용할 것인지에 관한 계약서이다.

---

2 2024년 6월 5일 2024.1.5가 공개되었다. 캡처된 그림은 2024.1.3을 사용하였다. 판번호는 연도.전후반기.패치번호 형식을 사용하고 있다. 2024.1.5 판번호는 2024년도 전반기의 다섯 번째 소소한 수정을 한 프로그램이란 의미를 갖는다.

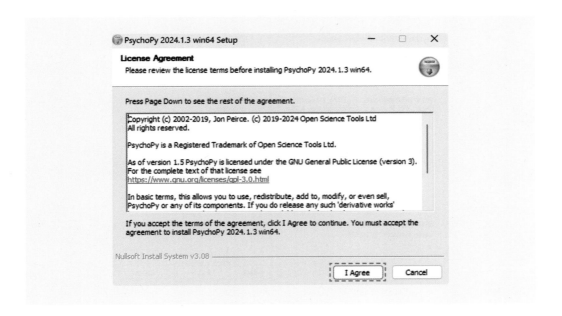

"I Agree"를 클릭하고 다음으로 진행한다.

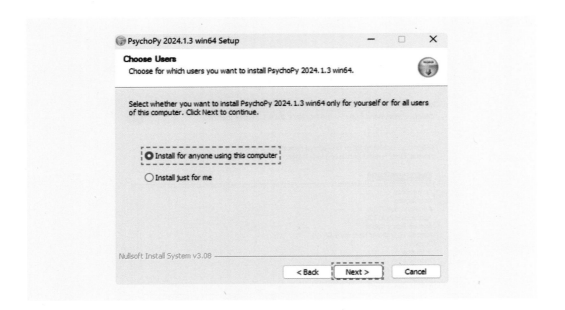

기본 선택으로는 "Install for anyone using the computer"로 되어 있다. 실험실 내에 공용으로 사용되는 컴퓨터라고 해도 실험용 컴퓨터라는 전제로 기본 선택으로 진행하는 것을 권장한다. "Next"를 클릭하고 다음으로 진행한다.

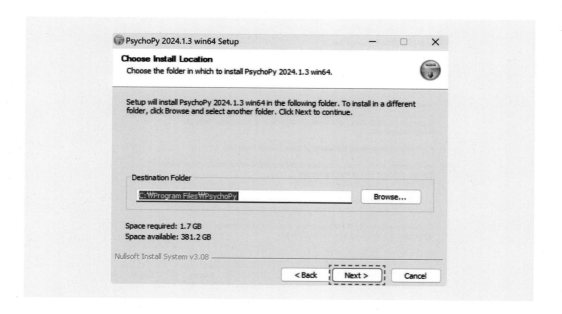

이는 설치 시스템이 권장하는 선택 사항인데, 다양한 응용 프로그램이 설치되어 있는 기본 program file 폴더에 하위 폴더 "PsychoPy"를 만든다고 알려 준다. "Next"를 클릭하고 진행한다.

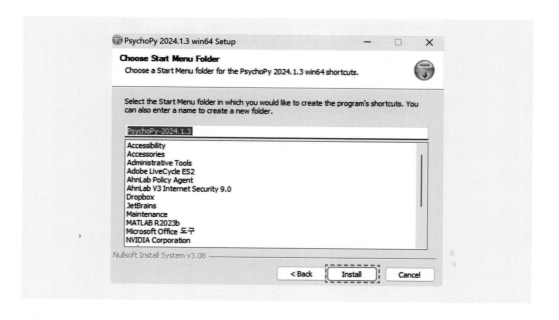

"Install"을 클릭하고 진행한다.

컴퓨터 성능에 따라 다르지만 설치 시간은 30분 넘게 소요된다. 이 시간을 이용하여 모니터에 "작업 중" 포스트잇을 붙이고 가볍게 산책을 하거나 볼일을 보고 오는 편이 좋다.

Windows 11의 경우 설치한 후 프로그램 바로가기의 위치이다. PsychoPy 아이콘을 Drag 해서 바탕화면에 끌어다 놓는다.

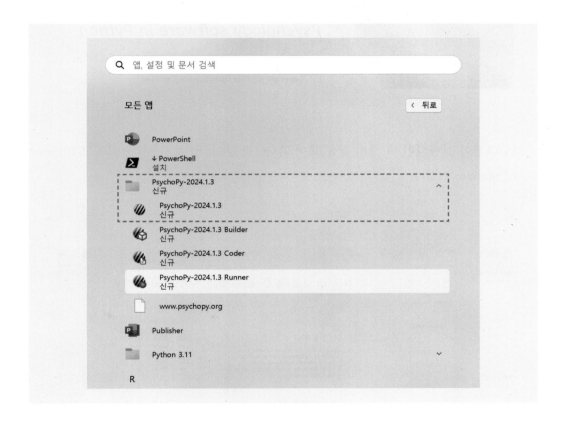

바탕화면에 있는 PsychoPy 아이콘을 더블클릭하여 실행을 한다. 프로그램을 설치한 후 처음으로 실행하는 경우에는 로딩 시간이 상당히 소요된다. 프로그램 구동에 필요한 파일 들을 compile하여 빠르게 실행할 수 있는 bytecode 파일로 만드는 작업이 진행 중이어서 그 렇다. 이 과정은 PsychoPy 프로그램 설치 후 최초에 한 번 필요하다. 다음 실행 시에는 이미 bytecode로 컴파일 되어 있으므로 프로그램 로딩 시간이 상대적으로 짧아진다.

프로그램이 실행되면 네 개의 창을 보여 준다. 맨 앞이 "팁 보기"이다. 그리고 Builder, Coder, Runner가 있다.

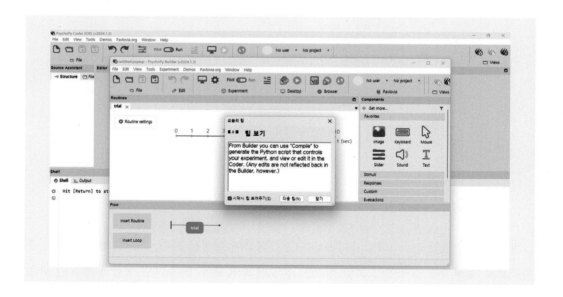

팁 보기는 왼쪽 하단에 있는 "시작시 팁 보여 주기" 체크 마크가 풀리지 않으면 매번 실행할 때마다 등장한다. 이때 "닫기"를 클릭하지 않으면 다른 화면, 예를 들면 Builder 창으로 넘어가도 프로그램 작동이 제대로 되지 않으므로 반드시 "닫기"를 클릭하여 창을 닫아 준다.

다음은 Runner, Builder, Coder의 창이다.

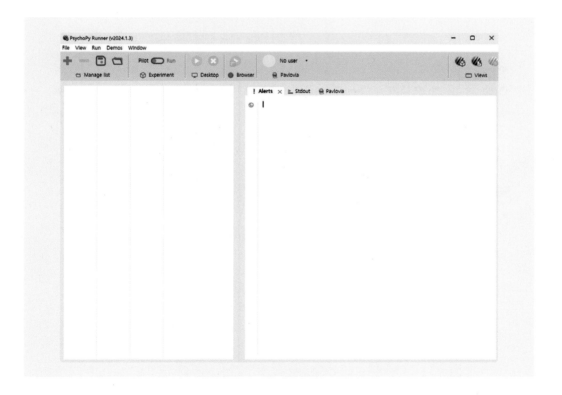

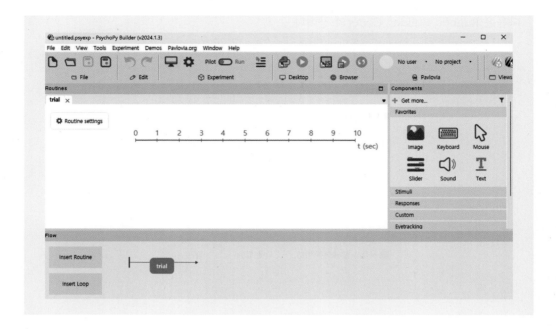

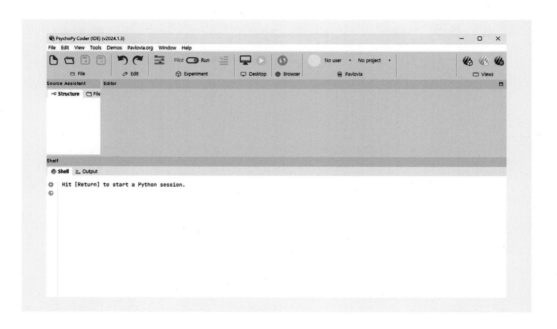

  이 책에서는 Builder를 중심으로 실험 프로그램을 작성할 것이다. 다른 창들은 필요한 경우에 설명하도록 하겠다. Builder 창을 간략하게 살펴보도록 하겠다. Builder 창은 크게 세 구획으로 나뉘어져 있다. Routine, Components, Flow가 그것들이다. Routine 구획은 0초에서 11초까지 초단위로 눈금을 가지고 있는 시간선(timeline)이 있다. 오른쪽 Components 구획에 있는 요소가 시간에 맞춰서 화면에 등장하거나 퇴장한다고 생각하면 된다. 아래쪽 Flow 구획은 Routine을 여러 개 생성했을 경우 이것들의 연결 상황을 시각적으로 확인할 수 있는 곳이다.

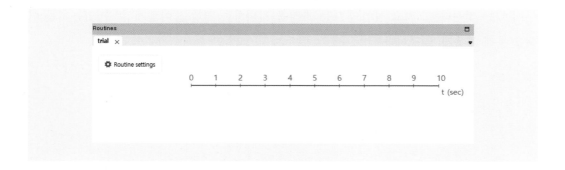

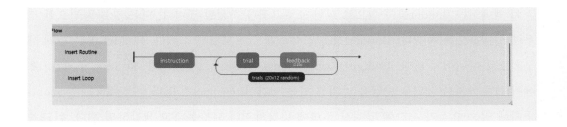

　여러분은 이제부터 구성요소(component)를 등장인물(character)로 하고, 루틴(Routine)을 장면(scene)으로 만들고, 여러 장면을 흐름도(Flow)로 구성하여 실험 무대를 꾸미는 연극감독이 되는 것이다. 그리고 실험의 모든 과정을 지휘하는 역할을 어떻게 할 수 있는지를 이 책을 통해 배우게 될 것이다.

제2장

자극 확률 효과

250ms

250ms

Keyboard Response

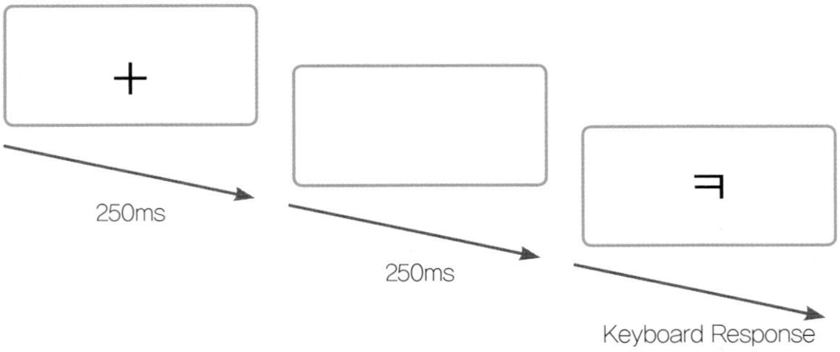

학습 내용

1. 한글 글자/낱자를 화면에 제시하는 Text 컴포넌트 사용하기

2. Keyboard로 반응을 받는 Keyboard 컴포넌트 사용하기

3. 조건 파일 준비하기

4. Loop를 활용하여 반복 시행 구현하기

5. Keyboard 반응이 옳은 반응인지 판단하도록 옵션 조정하기

인간의 정신과정을 연구하는 분야의 실험은 일반적으로 시각 자극을 제시하는 단계와, 이것이 일으킨 정신과정을 측정하는 단계로 구성되어 있다. 앞의 시행 도식은 초점을 250msec, 빈 화면을 250msec 제시한 후 자극(ㅋ) 출현부터 반응할 때까지 시간을 측정하는 과정을 묘사하고 있다.

우리는 이번 장에서 자극을 제시하고, 반응 시간을 측정하는 것을 어떻게 PsychoPy Builder로 만들 수 있는지를 연습하도록 하겠다.

김정오와 오길승(1983)은 자극 확률 효과(stimulus probability effect)가 지각 과정의 어느 수준에서 일어나는지를 알아보고자 하였다. 자극 확률 효과란 빈번하게 제시되는 자극은 덜 빈번하게 제시되는 자극에 비해서 과제 수행이 빠른 현상을 말한다(Hyman, 1953). 김정오와 오길승(1983)은 이 현상의 기제를 밝히고자 간단한 한글 낱자를 자극으로 제시하고, 자음 또는 모음으로 분류하는 과제를 사용하였다. 이 과제는 PsychoPy Builder로 화면에 낱자를 제시하고, 조건 파일(condition file)로 자극제시 방식을 통제하는 방법을 연습하기에 적합할 것으로 판단하고 이번 장의 예로 정했다.

1. 글자 제시하기

PsychoPy는 다양한 종류의 자극을 실험 자극으로 이용할 수 있다. 그렇지만 이번 장에서는 Builder만으로 실험 프로그램 작성이 가능하다는 것을 경험해 볼 필요가 있다고 생각해서, 글자를 자극으로 제시하는 방법을 먼저 익혀 보도록 하겠다.

먼저 어떤 프로그램을 만들 때는 각 프로그램이 속할 독립된 폴더를 만들어 작성에 필요한 모든 파일(실행 프로그램, 이미지 파일, 조건 파일 등)을 한 곳에 저장하는 것을 권장한다.

PsychoPy Builder를 이용하면서 만드는 프로그램을 저장할 폴더를 준비한다. 폴더 이름은 알파벳을 사용하는 것을 권장한다. 구체적으로 설명하면, 본인이 주로 사용하는 사용자 폴더에 영어로 Builder라는 이름의 하위 폴더를 생성하고, 그 폴더 안에 이번에 만들 프로그램을 저장하는 폴더로 Stim_Probability라는 이름의 하위 폴더를 만들어 준다. 이제 PsychoPy 프로그램을 실행시킨다.

프로그램이 실행되면 앞 장에서 설명한 바와 같이 여러 개의 창이 한꺼번에 뜨는데, '팁 보기' 창을 닫고, Builder 창으로 간다. 제일 먼저 File → new를 선택한 후, save as를 클릭하고, 아까 만든 폴더(Builder/Stim_Probability)를 찾아서 Stimulus_Probability라는 이름으로 저장한다.

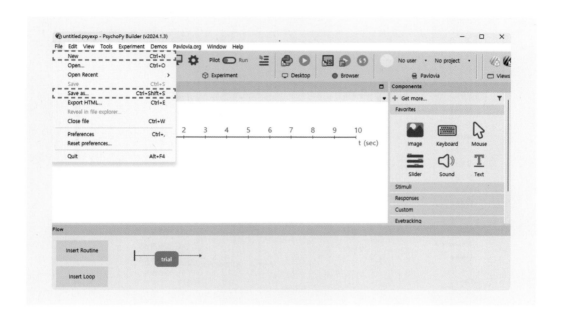

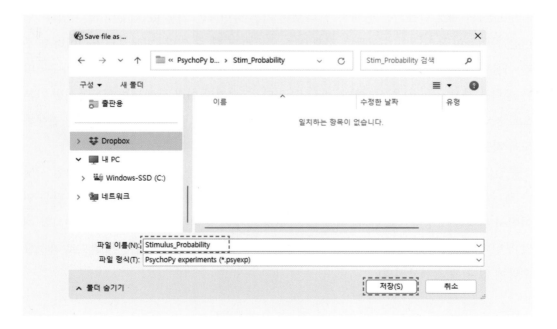

PsychoPy Builder의 확장명은 psyexp이다. 만일 파일 탐색기에서 파일들의 확장명 (*.hwp, *.doc, *.ppt 등)이 보이지 않으면, 이것들이 보이도록 탐색기의 옵션을 변경한다. "보기 → 표시"를 차례로 따라가서 나오는 '파일확장명'이 체크되어 있으면 확장명이 포함되어 완전한 파일명이 나타난다.

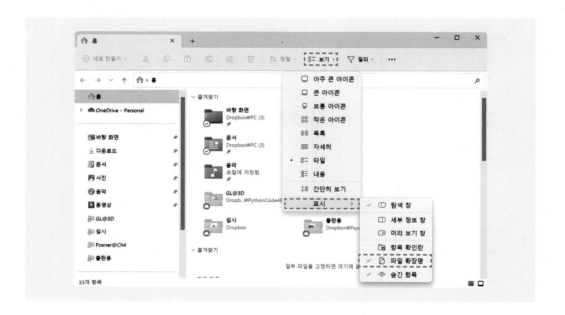

Builder의 새로 만들기를 선택한 후 나오는 기본 화면에는 기본 Routine이 하나 있다. 루틴은 작업들의 통상적인 순서들을 정해 놓은 박스라고 할 수 있다. 기본으로 trial이라고 루틴 이름이 정해져 있다. 만일 이름을 바꾸려면, 시간선에 있는 trial 박스를 오른쪽 마우스버튼 클릭을 하고 rename을 선택하여 바꿀 수 있다. 그렇지만 이번 장에서는 되도록이면 기본으로 제공되는 이름들을 바꾸지 않고 그대로 사용하여 프로그램 작성 작업을 빠르게 진행하도록 하겠다.

루틴(Routine)은 실험 시행(trial)의 절차의 전부 또는 일부를 담아내는 곳이다. 실험 시행은 하나의 루틴으로 구성할 수도 있고, 특정한 절차상 이유 때문에 두 개 이상의 루틴을 연이어서 시행을 구성하기도 한다. 예를 들면, 반응의 정확성 여부에 따른 피드백을 제시할 때 앞 루틴에서 제공하는 정보를 기초로 피드백을 주어야 하므로 피드백 루틴은 별도로 작성할 수밖에 없다(제3장에서 설명).

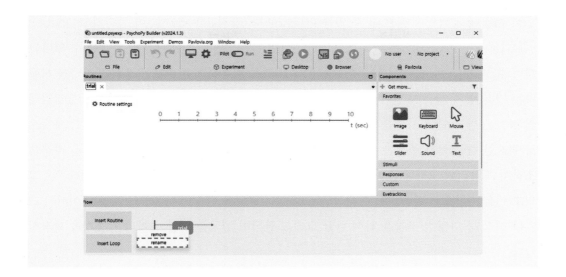

오른쪽에는 여러 컴포넌트를 그룹으로 묶어 두었다. 가장 많이 사용하는 컴포넌트들을 Favorites 그룹으로 묶어 두었으며, 여기에 글자 컴포넌트 T̲ 가 항목으로 있고, Stimuli 그룹에도 있다. 본 실험에서는 글자를 자극으로 제시하려고 하므로 글자를 제시하는 컴포넌트를 먼저 사용한다. 글자 컴포넌트는 T̲ 이다. T̲ 를 클릭하면, 다음과 같이 Text 제시와 관련된 속성 창이 뜬다.

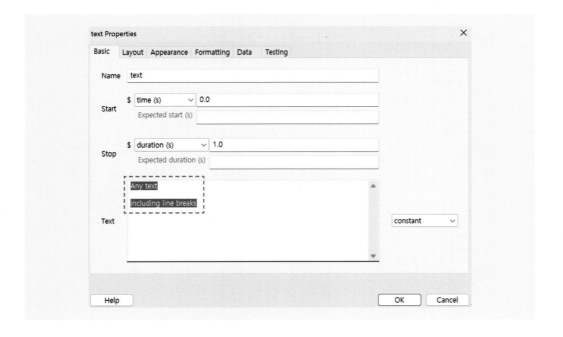

이 시점에서 설명을 빠뜨릴 수 없는 PsychoPy의 장점은 Python 3이 등장하고, Python 3을 기본으로 PsychoPy를 판올림(upgrade)하면서부터 한글을 용이하게 사용할 수 있다는 것이다. 과거 E-Prime이나 Matlab PsychToolbox를 이용하여 한글로 구성되는 자극을 사용하는 것은 쉽지 않은 도전이었다. 한글을 사용하여 실험을 만드는 가장 쉽지만 노동집약적인 방법은 한글 단어 자극을 그림 파일로 만들어 그림 자극처럼 제시하는 것이었다. 자극으로 필요한 한글 글자 종류가 많거나, 글자색이 변하거나, 크기가 달라지는 등 속성을 바꾸는 조작이 포함되면 그만큼 준비해야 할 자극 수가 늘어날 수밖에 없었다. 그런데 Python 3, 그리고 이를 기본으로 판올림된 현재의 PsychoPy는 한글을 단순히 사용하는 것을 넘어서서 크기나 색상 등 다양한 조작을 하여 한글 그리고 한국어 연구를 위한 실험의 가능성을 확장시켰다.

이제 "한글" 두 글자를 자랑스럽게 화면에 나타내 보자. 컴포넌트 맨 아래 Text 옆의 공란, 지금은 "Any Text including line breaks"가 있는 곳에 한글로 "한글"이라고 입력한다. 그리고 OK를 클릭한다.

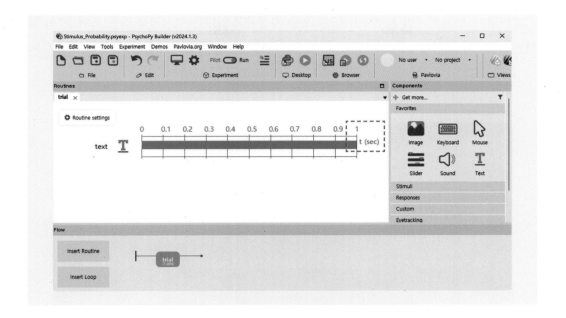

시간선이 1초가 되었고, Text라는 이름의 컴포넌트가 자리잡고 있다. 이는 컴포넌트 Basic 속성창에서 Name을 바꾸지 않고, Stop의 제시 기간(duration)도 바꾸지 않고 1초로 했기 때문이다.

이제 ▶를 클릭하여 실행하면 runner창이 맨 앞에 등장했다가 참가자 정보를 넣으라는 팝업창이 맨 처음에 뜬다. OK를 클릭하면 프로그램이 실행된다.

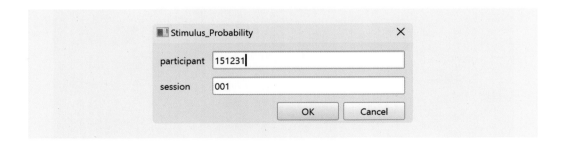

그러면 다음 그림처럼 화면의 frame rate을 측정하고 있다는 메시지를 잠깐 보여 준 후 입력된 "한글"이라는 글자를 보여 주는 화면이 나타난 후 1초 뒤에 사라진다.

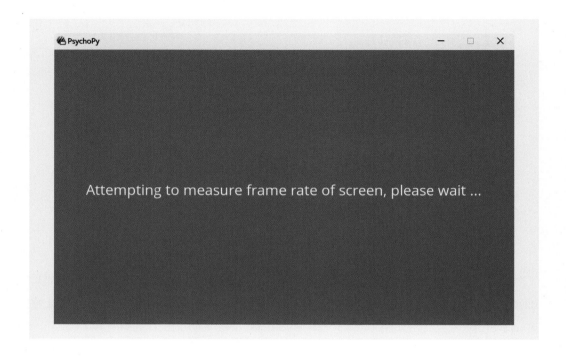

　　만일 한글 대신 네모가 보이는 등 글자가 제대로 보이지 않는다면, 한글 폰트 설정에 문제가 있는 것이다. 이 경우에는 Builder에게 사용하는 폰트가 한글 폰트임을 알려 주면 문제가 해결된다. Routine 부분에 있는 Text 컴포넌트를 클릭하여 속성창을 열고, Formatting 탭을 클릭한다. Open Sans로 지정되어 있는 Font를 윈도우 컴퓨터의 경우 Batang(바탕체)으로 바꿔 준다. 맥OS 컴퓨터는 AppleMyungjo로 바꿔 준다. 이렇게 조치하면 대부분의 경우 문제없이 제대로 화면에 "한글" 글자가 보인다. MacOS의 경우 글자가 가로로 겹치는 문제가 발생할 수 있다. 이에 관해서는 부록 F에 좀 더 자세한 설명이 있다.

그리고 이번 실험에서는 한글 낱자를 사용할 예정인데, 글자가 아닌 낱자만 입력해도 화면에 제대로 제시된다.

제시 시간이 1초이기 때문에 너무 빨리 화면에서 사라져서 글자가 제대로 제시되는지 여유 있게 살펴볼 수 없다. 그렇다면 키 반응을 도입하여 반응키를 누를 때까지 화면에서 글자를 계속 볼 수 있도록 만들어 본다. 반응키는 Keyboard 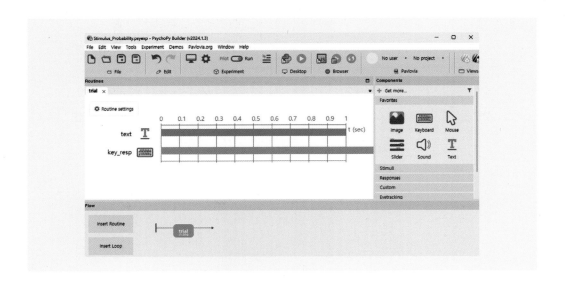 컴포넌트를 사용한다. 컴포넌트의 를 클릭하면 Keyboard 속성창이 나타난다.

아무것도 바꾸지 않고 기본으로 놔둔 채 OK를 클릭하여 속성창을 닫는다.

이제 시간선에 key_resp라는 이름의 Keyboard 컴포넌트가 Text 컴포넌트 다음 줄에 생겼다. 그런데 시간선에서 key_resp가 황토색으로 되어 있어 파란색인 text와 구분이 된다. 황토색인 이유는 Keyboard 컴포넌트 속성창에서 Force end of Routine 부분이 체크되어 있기 때문이다. 이것을 uncheck하면 파란색으로 바뀐다. 파란색이 되면 키보드 반응에도 루틴은 끝나지 않으므로 원상태로 복귀시킨다. Text 컴포넌트만 있던 경우에는 1초가 경과하면 Routine이 종료하도록 설정이 되어 있었다. 이제 키보드 반응을 하면 trial이라는 이름의 Routine이 종료된다. 그러면 이제 Text 제시 시간을 지정하지 않고 화면에 계속 나타나 있도록 만들 수 있다. 이를 위해서 글자 속성창(Text Properties)의 Stop(duration)에 있었던 숫자 1.0을 지우면, 글자 제시가 끝나는 시간이 지정되지 않으므로 계속 보이게 된다.

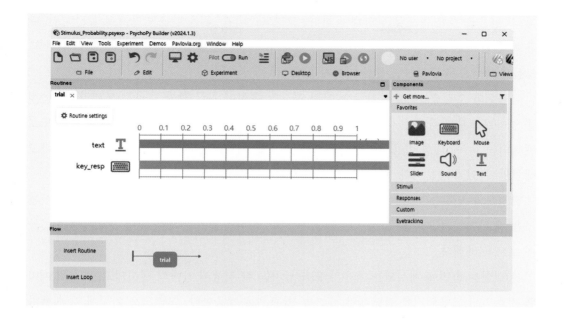

만일 자극 제시 시간은 무한대인데 Keyboard 컴포넌트가 없다면 trial Routine은 끝나지 않고 무한정 실행될 것이다. PsychoPy Builder는 이런 당황스러운 상황에 ESC 키를 눌러서 프로그램을 끝낼 수 있는 비상 장치를 마련해 놓았다. 하지만 프로그램을 종료하는 목적 뿐만 아니라 반응 시간을 측정해야 하는 실험 절차가 포함되어야 하므로 반드시 Keyboard 컴포넌트를 삽입하도록 한다.

이제 를 클릭하여 실행하면 화면을 Keyboard 컴포넌트가 허용한 'y', 'n', 'left 방향키', 'right 방향키', 'space 키'를 눌러서 trial Routine을 종료할 수 있다.

2. 시행 반복하기(loop)

자극 확률 효과는 빈번하게 제시되는 자극이 덜 빈번하게 제시되는 자극에 비해서 과제 수행이 빨라지는 현상(Hyman,1953)이라고 설명했다. 예를 들어, 'ㄱ' 자극이 'ㅎ' 자극에 비해 두 배 자주 제시되면, 처음에는 'ㅎ'과 비슷했던 'ㄱ'에 대한 반응 시간이 빨라진다고 예상할 수 있다. 그렇지만 낱자가 나타났을 때 반응 수행을 'ㄱ'은 왼쪽 반응으로, 'ㅎ'은 오른쪽 반응으로 하면, 'ㄱ'에 대한 빠른 반응이 반응을 자주 해서 빨라지는지, 또는 지각적으로 빨리 처리해서 빨라지는지를 구분할 수 없다. 따라서 지각 과정과 반응 과정을 구분하려면, 'ㄱ'과

'ㅎ'의 반응을 같은 쪽으로 할당해야 한다. 그리고 'ㄱ'과 'ㅎ'을 같은 반응으로 할당하면, 다른 쪽 반응으로 할당할 자극이 필요하다. 이때 모음을 다른 반응을 위한 자극으로 도입하면, 모음과 자음으로 구분하는 분류 과제가 된다.

김정오와 오길승(1983)은 자극의 어떤 지각적 속성이 자극 확률 효과를 불러일으키는지를 알아보고자 자극의 유사성을 조작하였다. 'ㄱ'이 두 배 자주 제시될 때 'ㅎ'과 같은 빈도로 제시되는 'ㅋ'에 대한 반응 시간이 빠르다면, 'ㄱ'을 처리하는 지각 과정의 혜택을 보았다고 해석할 수 있기 때문이다. 즉, 유사성에 의한 전이효과(transfer effect)가 있다는 의미이다.

김정오와 오길승(1983)은 실험에서 다양한 자극 세트를 구성해서 사용했지만, 여기서는 자음 세트('ㄱ', 'ㅋ', 'ㅎ')와 모음 세트('ㅏ', 'ㅠ', 'ㅗ') 하나만을 사용하여 실험 프로그램을 만들어 보도록 하겠다.

본 실험은 화면에 제시되는 자음과 모음 낱자는 한 시행에 하나씩 제시되고, 제시될 때마다 자음인지 모음인지를 판단해야 하는 분류 과제를 채용한다. 그러므로 어떻게 각 시행마다 자극을 바꿔 제시할 수 있는지, 그 방법을 배우는 단계이다.

앞에서 실험 작성이 연극 무대 감독의 연출 방법과 유사하다고 비유했다. 자극을 어느 한 시점에 무대로 올라가는 배우라고 상상해 본다. 배우의 명단은 감독의 손에 있고, 감독은 명단 순서를 만들어 한 사람씩 무대로 올려 보냈다가 내려오도록 한다. 이런 방식이라면 배우마다 각자의 무대를 따로 마련할 필요 없이 감독은 배우 등장 순서를 준비하고 무대는 재활용하면 된다. Builder에서 사용할 명단(list) 준비를 Excel 프로그램으로 한다. 다른 방식으로도 할 수 있지만, 여러분들에게 익숙하다고 생각되는 엑셀을 사용하여 작성하도록 하겠다.[2]

엑셀 프로그램을 실행시키고, 새로 만들기에서 "새 통합 문서"를 선택한다.

---

2 엑셀 프로그램이 없으면, 비슷한 기능을 하는 프로그램을 사용하기를 바란다. 한셀, 또는 LibreOffice calc, Number를 사용하고, 호환성을 높이려면 파일을 comma-separated values 형식으로 저장하면 된다.

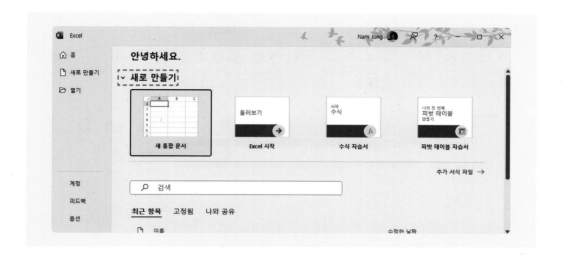

첫 번째 줄에 Header 이름을 알파벳으로 넣는다. 자극은 stimulus, 그리고 그 자극에 따른 옳은 반응키는 corrAns라고 넣는다. 자음은 slash, 모음은 z를 각각 할당한다. 'ㄱ'은 다른 자극에 비해 두 배 자주 나와야 하므로 두 번 입력한다. 나머지 낱자들은 한 번씩 입력한다. 그리고 이번 장의 제일 처음에 만들었던 폴더(Builder/Stim_Probability)에 "Stimulus_Prob_cond.xlsx"라고 저장한다.

	A	B	C	D	E	F	G	H
1	stimulus	corrAns						
2	ㄱ	slash						
3	ㄱ	slash						
4	ㅋ	slash						
5	ㅎ	slash						
6	ㅏ	z						
7	ㅠ	z						
8	ㅗ	z						
9								

이제 무대에 등장할 배우 명단이 준비된 셈이다. Excel로 준비한 명단을 어떻게 사용하는지 알아볼 순서가 되었다. 이제 Flow 구획에서 Insert Loop를 클릭한다.

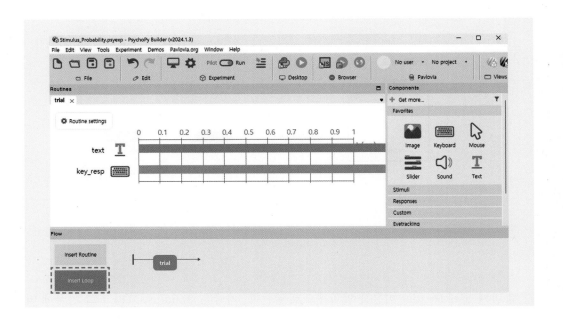

Loop는 Loop 안에 어떤 Routine들이 포함될 것인지를 결정하는 부분이 핵심적이다. Insert Loop를 클릭하면 굵은 점이 하나 나타나고 마우스를 움직이면 이 점의 위치가 이리저리 바뀐다. 여기서는 Routine이 trial 하나밖에 없으므로 시작 위치는 기본으로 맨 앞이다. 다음 그림과 같이 점의 위치가 자리했을 때 클릭하면 어디까지 포함할지를 결정하게 된다.

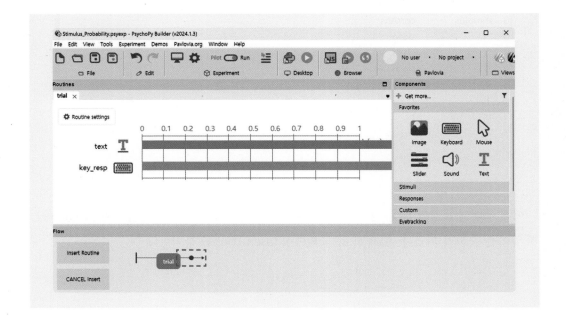

그러면 Loop 속성창이 다음과 같이 나타난다.

Conditions 옆의 폴더 아이콘을 눌러, 방금 저장한 excel file을 찾는다. Stimulus_Prob_cond.xlsx 파일과 Stimulus_Probability.psyexp 프로그램 파일이 같은 폴더 안에 있는 상황이 문제를 가볍게 만든다. 만일 excel로 만든 조건 file인, "Stimulus_Prob_cond.xlsx" 파일을 실험 프로그램이 있는 폴더(Stim_Probability)와는 다른 폴더에 저장했다면, 지금이 바로 Stimulus_Probability.psyexp 프로그램이 있는 폴더로 옮기기 적당할 때이다.

파일 탐색기에서 작업을 끝낸 후, Loop 속성창의 내용을 다음과 같이 바꾼다. 루프의 이름은 기본으로 trials(복수)로 되어 있다. 이것은 그대로 두도록 한다. 그리고 자극이 조건 파일(condition file)에서 준비한 순서대로 제시되는지를 알아보는 확인 절차가 필요하다. 기본값인 random으로 되어 있으면 확인이 쉽지 않다. 쉽게 확인할 수 있도록 loopType의 random(무선)을 sequential(순차)로 바꾼다(무선 방식에 관한 설명은 부록 C를 참조). 그리고 준비한 자극 세트가 한 번씩만 제시되도록 nReps를 1로 한다. nReps는 조건 파일에 있는 자극 조건을 한 뭉치로 간주하고, 이것을 몇 번 반복할지를 정하는 파라미터(매개변수)이다.

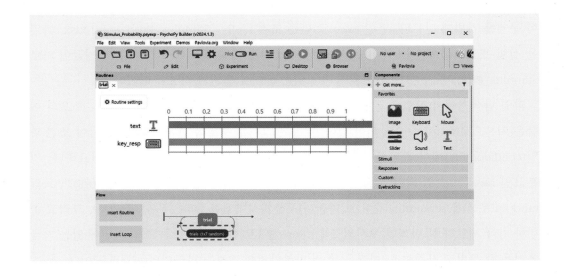

조건 파일을 선택하면, 조건 파일의 내용이 제시된다. 7개의 자극(7 conditions), 2개의 매개변수(Header 명)인 stimulus, corrAns가 있음을 보여 준다. OK를 클릭해서 빠져나오도록 한다. Flow 구획이 다음과 같이 바뀌어 있다.

만일 이 그림과 달리 loop 이름만 있다면 ctrl 키와 shift 키를 동시에 누른 상태에서 +를 눌러 본다. Loop 정보가 좀 더 자세하게 나타난다.

이제 condition file의 내용을 Routine을 구성하는 요소 내용과 연결시킬 차례이다. 즉, 배우가 등장할 장소를 연결시키는 것이다. 우선 자극을 제시하는 Text 컴포넌트의 Text, 즉 'ㅋ'이 있었던 곳이다. Condition 파일에서 자극들이 있는 열의 맨 위칸의 이름을 Header라고 했다. $ 표시를 맨 앞에 넣어서 Header 이름인 stimulus를 Text 란에 입력한다. Builder에서 사용된 $+Header 이름은 Python Code로 번역될 때 변수(variable) 이름이 된다. 그리고 옆에 "constant"라고 세팅되어 있는 것을 "set every repeat"로 바꾼다. "set every repeat"는 컴포넌트가 매 시행마다 stimulus라는 조건 파일 열(column)의 내용을 한 줄씩 뽑아서 쓴다는 의미이다. Builder 프로그램 작성 시 자주 하는 실수가 "constant"라고 세팅되어 있는 것을 "set every repeat"로 바꿔 주지 않는 것이다. 만일 여기서 바꿔 주지 않으면, 실행했을 때 stimulus라는 변수가 정의되지 않았다는 오류 메시지가 나온다.

한편, Text 컴포넌트의 이름은 text라고 기본으로 되어 있으며, 하나씩 늘어날 때마다

text_2, text_3이라는 식으로 이름을 붙인다. 실험을 구성할수록 포함되는 컴포넌트가 늘어나고, 컴포넌트의 역할과 이름들의 의미를 점점 기억하기 어려워진다. 이 경우 각 컴포넌트와 루틴이 어떤 역할을 하는지 역할에 맞게 이름을 의미 있게 붙이면, 프로그램을 살펴볼 때 프로그램 가독성(readability)이 높아진다. 프로그램 내용상 Text 컴포넌트는 자극을 제시하는 컴포넌트이므로 Name 항목에 stim_item이라고 넣는다. 이름을 stimulus라고 하지 못하는 이유는 조건 파일의 Header 이름을 이미 stimulus라고 사용했기 때문이다. 만일 같은 이름을 사용하게 되면 "변수 이름이 이미 정의되었다"는 오류가 발생하며, 프로그램이 제대로 실행되지 않는다. 실행 중 발생하는 오류 메시지는 Runner 창 오른쪽 하단에 나온다.

자극으로 사용하고 있는 낱자의 크기도 키운다. Formatting 탭을 선택하여 다음과 같이 바꿔 놓는다. Font는 Batang으로, Letter height는 0.15를 입력한다.

이번에는 참가자가 누른 키가 옳은 반응인지 아닌지 판별할 수 있도록 Keyboard 컴포넌트 속성을 바꾼다. 자극이 자음이면 /(slash), 모음이면 z 키를 누르도록 정했다. 이 Header의 이름은 corrAns이다. Keyboard 컴포넌트 속성창을 연다. Allowed keys를 'z'와 'slash'로 바꾼다.

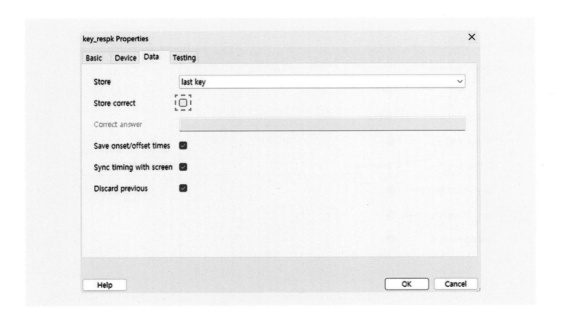

정반응 여부를 알려 주는 corrAns는 Data 탭을 클릭한 후, Store correct를 체크한다. 그러면 Correct answer라는 칸이 진하게 바뀐다.

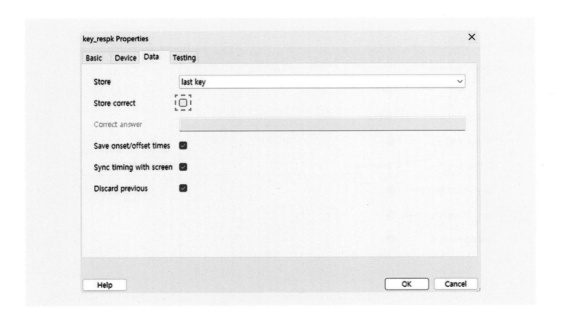

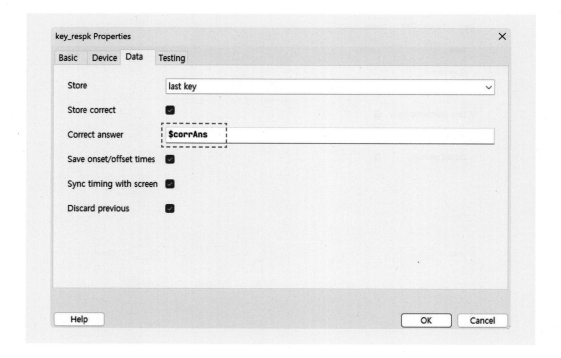

Correct answer 항목에 $ 표시와 Header 이름을 합친, $corrAns를 입력한다.

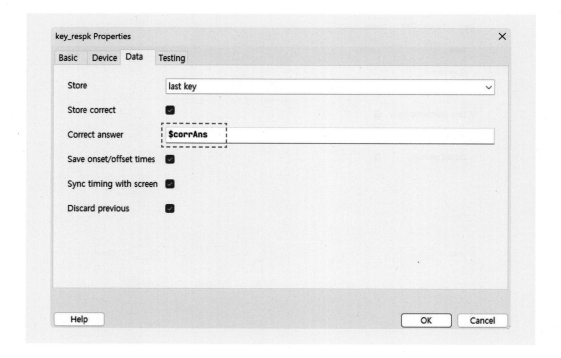

이제 실험에서 참가자가 누른 키가 그 시행의 corrAns에서 지정된 키와 같은지를 비교하여, 같으면 1, 다르면 0이라고 저장하는데, 이런 결과를 저장하는 변수의 이름은, Keyboard 컴포넌트의 이름인 key_resp에다 점(.)과 corr을 덧붙여, key_resp.corr이다. 이 변수 이름은 다음 장에서 피드백 루틴을 작성할 때 필요하니 기억해 두는 게 좋다.

OK를 클릭하여 빠져나온다. 그리고 ▶를 클릭하여 프로그램 실행을 한다. 루프 속성창에서 loopType을 sequential로 지정했으므로 excel 파일에 입력한 순서대로 화면에 제시된다. 키반응은 z와 / 반응만을 받아들이기 때문에 다른 키를 누르면 다음 자극을 보여 주지 않는다. 감독은 excel file로 명단을 준비했으므로, trial이라는 무대는 바뀌지 않고 배우(stimulus)만 달리하면서 무대에 반복(repeat/Loop)해서 올라가는 상황처럼 진행되었다. 프로그램이 실행을 끝마치면 프로그램이 있는 폴더(Stim_Probability)에는 data라는 하위 폴더가 생성된다.

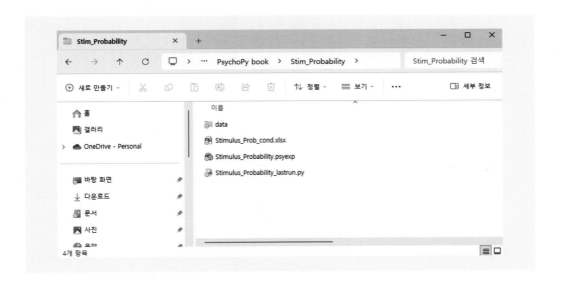

PsychoPy Builder 실험 프로그램은 data 폴더에 실험 자료 파일들을 세 가지 종류(csv, psydat, log)로 만든다. 호환성이 높은 형식은 csv인데, excel 프로그램으로 열면 다음 그림과 같이 보인다. loopType을 sequential로 했기 때문에 조건 파일과 같은 순서로 자극 결과를 기록했다. 결과 파일을 보고 분석하는 방법은 14장에 설명이 있다.[3]

---

3 결과 파일 이름은 실험 실행 시 나타난 팝업창에 입력한 정보를 기본으로 한다. "참가자 정보" + "실험 프로그램 이름" + "실행한 시간" + "확장명(예: csv, psydat, log)"

앞에 설명한 바와 같이, 일반적으로 단일 과제로 이뤄진 실험 시행은 참가자의 준비를 유도하기 위해 초점이 제시되고 잠깐의 빈 화면이 있다가 판단해야 할 본 자극이 제시되는 경우가 일반적이다. 그러므로 초점으로 + 표시가 나타날 수 있도록 하고, 이 표시를 0.25초 제시하는 컴포넌트를 삽입하도록 한다. 또한 빈 화면도 0.25초 제시되도록 한다. 그러면 판단해야 할 낱자 자극은 실질적으로 Routine이 시작되고 0.5초 뒤에 나타나는 상황이 된다.

초점 + 는 여러 가지 방식으로 만들 수 있다. 제일 간단하게는 Text 컴포넌트를 사용하여 만들 수 있다.

이름은 fixation으로 수정하고 Stop은 0.25, Text는 plus(+)로 수정한다. 초점 표시로 쓴 +는 시행마다 바뀌는 것이 아니므로 "constant"로 놔둔다. 크기가 작다고 여겨지므로 자극 크기와 같게, Formatting 탭에서 height를 0.15로 하여 크기를 키운다.

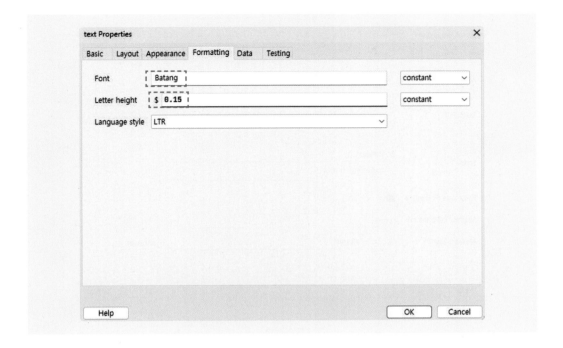

다음은 Text와 Keyboard 컴포넌트의 제시 시작 시간을 수정하는 것이다.

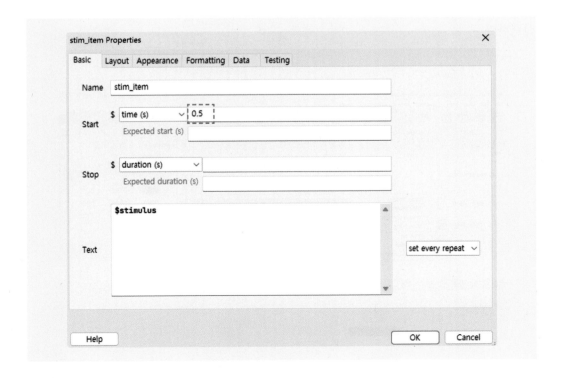

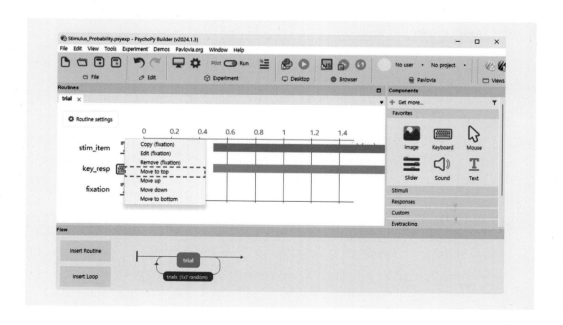

OK를 클릭하고 빠져나오면, 시간선에서 fixation이 맨 아래에 있다. Routine 실행에서 맨 처음 제시되는 것이므로 맨 위로 올려놓는 것이 Routine에 대한 가독성을 좋게 한다. Fixation 컴포넌트를 오른쪽 마우스 클릭을 하면 선택 메뉴가 나오는데, 이때 move to top을 선택한다.

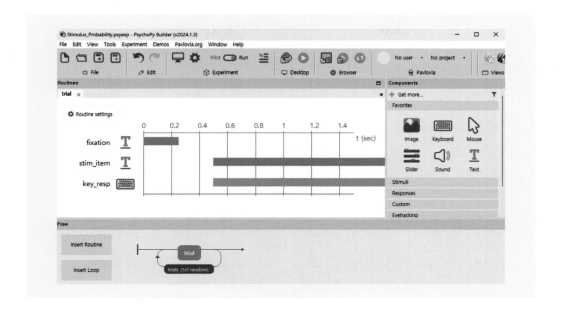

완전한 실험은 아니지만, 자극을 제시하고 반응을 받는 프로그램을 일단 완성했다. Loop 인 trials를 클릭하여 sequential로 되어 있는 loopType을 random으로 바꾼다. OK를 누르고 빠져나온 후 ▶를 눌러 실행한다. 실행을 마치고 다시 한번 현재 프로그램이 있는 폴더인 stim_probability 폴더 안에 data 하위 폴더를 살펴본다. 파일 탐색기의 수정한 날짜를 클릭하여 정렬시키면 파일이 세 종류씩 짝을 이룬 것을 알 수 있다.

Excel(또는 연결된 프로그램) 아이콘이 있는 파일(*.csv)을 더블 클릭으로 열어 본다.

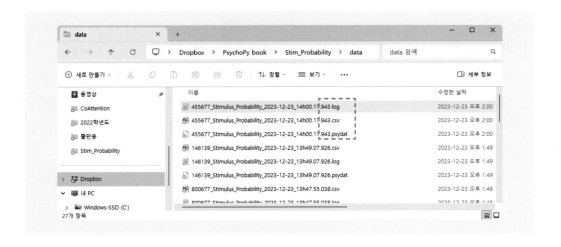

	A	B	C	D	E	F	G	H	I	
1	stimulus	corrAns	trials.thisF	trials.thisT	trials.thisI	trials.thisI	thisRow.t	notes	trial.starte	fixa
2	ㅎ	slash	0	0	0	3	0.07951		0.03661	0.0
3	ㄱ	slash	0	1	1	0	1.27455		1.26041	1.2
4	ㅠ	z	0	2	2	5	2.44138		2.42643	2.4
5	ㅏ	z	0	3	3	4	3.62478		3.60955	3.6
6	ㄱ	slash	0	4	4	1	5.02506		5.00929	5.0
7	ㅋ	slash	0	5	5	2	6.15799		6.14325	6.1
8	ㅗ	z	0	6	6	6	7.30824		7.29316	7.3
9	ㅎ	slash	1	0	7	3	8.34166		8.32629	8.3
10	ㅏ	z	1	1	8	4	9.44133		9.42658	9.4
11	ㅋ	slash	1	2	9	2	10.6247		10.6097	10
12	ㅠ	z	1	3	10	5	11.6917		11.6765	11
13	ㅗ	z	1	4	11	6	12.8588		12.8433	12
14	ㄱ	slash	1	5	12	1	13.9591		13.9428	13
15	ㄱ	slash	1	6	13	0	14.9918		14.9765	14

458914_Stimulus_Probability_202   +

이번 파일은 먼저 번 파일과는 달리 조건 파일의 순서가 아닌 뒤섞인 순서로 자극이 나와 있다. 그 이유는 loopType을 random으로 변경했기 때문이다. 이런 형식으로 파일 내용이 보인다면, 성공적으로 여러분의 첫 Builder 실험 프로그램을 완성한 것이다. 이 과제는 자극 제시 빈도가 높으면 반응 시간이 빨라지는지를 알 수 있다. 물론 실질적인 실험 자료를 얻기 위해서는 각 자극 세트를 반복 수행하는 횟수를 정하는 변수인, Loop의 nReps를 20 이상으로 만들어 자료의 대푯값을 정할 때 필요한 수행 횟수를 충분하게 해야 한다. 이는 실험 수행 중 발생하는 다양한 상황들에 대한 대비이다. 자극이 제시되었는데도 참가자가 잠깐 넋 놓고 있을 수도 있고, 손이 제멋대로 생각했던 판단과는 다른 키를 누르기도 한다. 시행 수가 적다면 아주 우연하게도 어떤 특정 자극 조건에 옳은 반응이 하나도 없을 수 있다. 그렇지만 너무 많은 시행을 하게 된다면, 참가자가 실험에 지쳐 버릴 수도 있다. 적당한 시행 수는 실험마다 다르지만, 자극 조건당 20회 정도는 있어야 의미 있는 자료 분석을 할 수 있다.

매 시행에서 관찰자가 한 반응이 옳은지, 그른지에 따른 피드백을 주는 루틴을 만드는 방법은 다음 장에서 다루도록 하겠다.

제3장

심적 회전

시행 도식

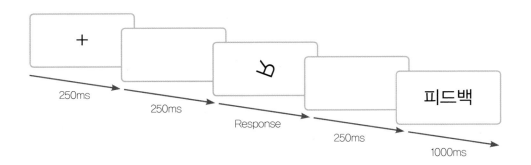

학습 내용

1. Image를 화면에 제시하는 Image컴포넌트 사용하기

2. Image를 회전시키는 옵션 사용하기

3. Image를 반전시키는 트릭 배우기

4. 경고음을 만드는 Sound 컴포넌트 사용하기

5. 프로그램 실행 시 전체 화면 모드 해제하는 방법 알아보기

6. Keyboard로 반응에 따라 피드백 제공하는 코드 작성하기

7. 이중 Loop를 활용하여 세션을 구분하기

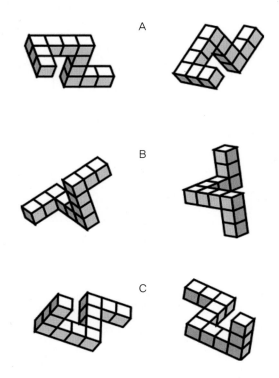

Shepard와 Metzler(1971)는 심상 회전에 관한 연구를 하였다. 그림과 같이 좌우에 제시된 두 입체 도형이 같은지, 다른지를 판단하는 과제를 적용하였으며, 심상에 관한 기념비적인 연구가 되었다.

실험 프로그램 작성은 전체 조망이 필요하지만, 구체적인 작성은 가장 작은 단위에서 시작한다. 자극을 제시하고 반응을 받는 Trial(시행)의 절차는 다음과 같이 구성할 수 있다. 먼저 초점 제시, 자극 제시, 반응 측정으로 구성된 루틴과 시행간 간격을 주는 빈 화면이 있는 피드백 루틴이다. 심상 회전 과제는 과제 목적에 따라 다양한 자극을 사용해서 작성되었다. 예를 들면, 3차원 도형(Shepard & Metzler, 1971), 손바닥(Kosslyn, Digirolama, Thompson Alpert, 1998), 신체 일부(Iachini, Ruggiero, Bartolo, Rapuano, & Ruotolo, 2019)가 사용되었다. 여기서는 낱자가 정상 형태인지, 또는 좌우가 바뀐 거울상인지를 판단하는 과제로 작성하기로 한다.

1. R 이미지 만들기

　기존 연구에서 가장 많이 사용한 낱자는 R이다. 이번 실험은 낱자 R을 이미지로 만들어 자극 제시에 쓰는 방법을 연습한다. 낱자 R을 그림으로 만드는 작업은 파워포인트로 하겠다. 파워포인트를 실행하고 빈 페이지를 준비한 후, "텍스트 상자"를 클릭한다.

　R을 입력한 후 글자 크기를 60으로 만든다.

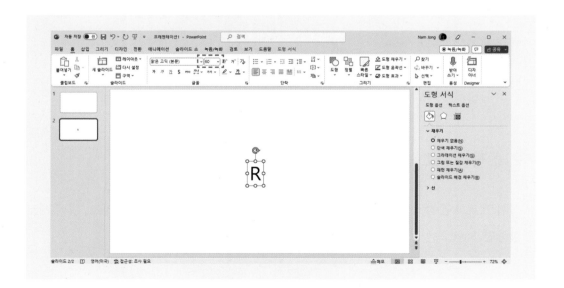

"텍스트 상자" 경계 바깥을 클릭하면, 일단 텍스트 입력 커서가 사라진다. 이때 마우스를 움직여서 "텍스트 상자" 경계선에 가면 마우스 커서 모양이 십자화살표 로 바뀌는데, 오른쪽 마우스 버튼을 클릭하면 그림으로 저장할 수 있는 메뉴가 나타난다. 기본 저장 이미지 형식은 png이다.

letter_R 이름으로 그림을 저장한다.

2. 초점과 경고음 제시하기

실험 프로그램 작성을 시작하도록 한다. 우선 File 메뉴에서 New를 선택하고, 창이 새로 등장하면, Save As…로 저장을 한다.

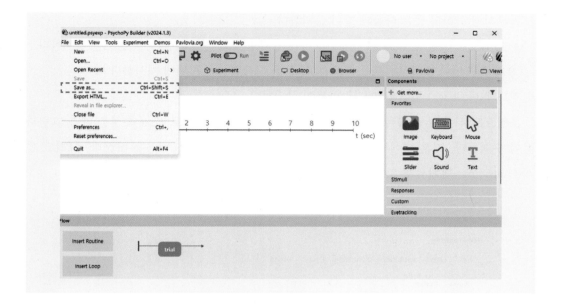

저장할 폴더는 자극 이미지가 있는 폴더에 mr 이름으로 저장한다. 이름을 만들 때에는 알파벳만을 쓰기를 권장한다.

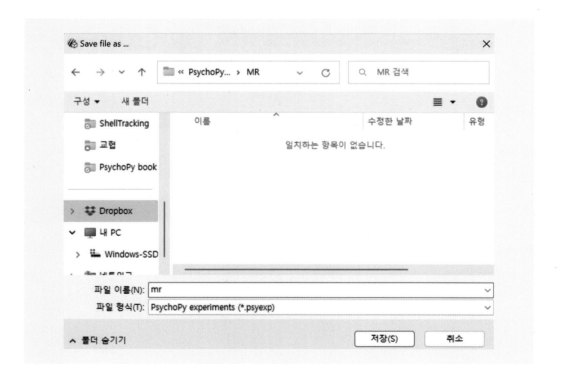

기본시행(trial)의 틀은 다음과 같이 준비한다.

① 초점으로 사용될 + 자극과 시작을 알리는 알람 소리를 준비한다. 0.25초간 제시한다.

② 자극은 이미지 컴포넌트를 사용하고, 루틴 시작 후 0.5초 뒤에 제시한다.

피드백(feedback) 루틴은 별도로 만들어 삽입한다.

초점으로 사용될 + 자극은 Text 컴포넌트로 준비한다. 그리고 Text 속성을 다음 그림과 같이 수정한다. 기본 탭에서 이름(Name), 멈춤(Stop), 문장(Text) 내용을 바꾼다. 그리고 형식(Formatting) 탭에서 폰트(Font), 크기(Letter height) 속성을 수정한다.

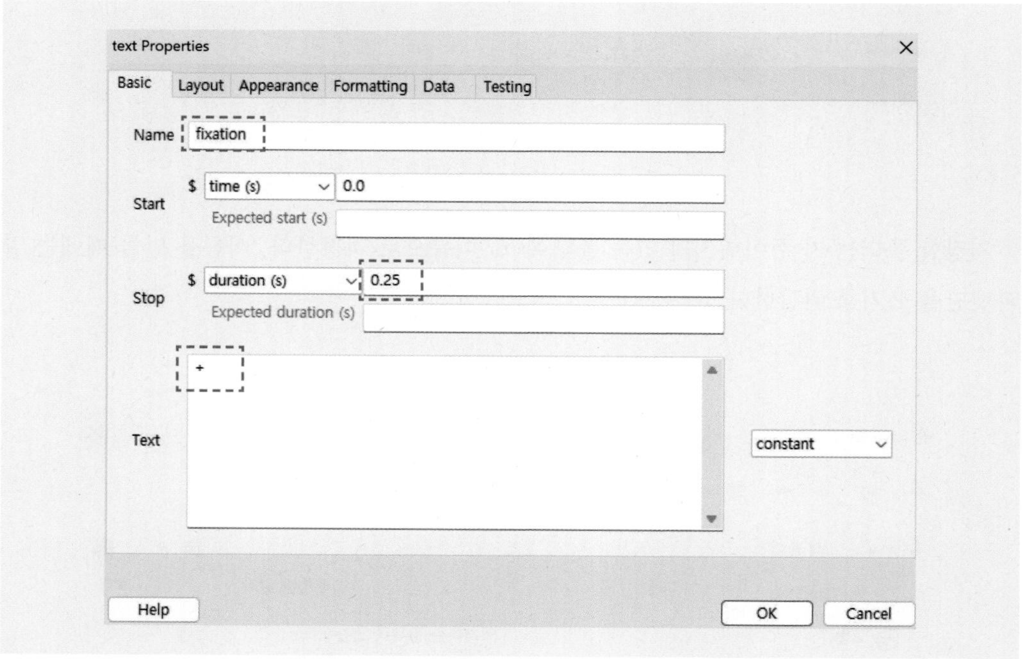

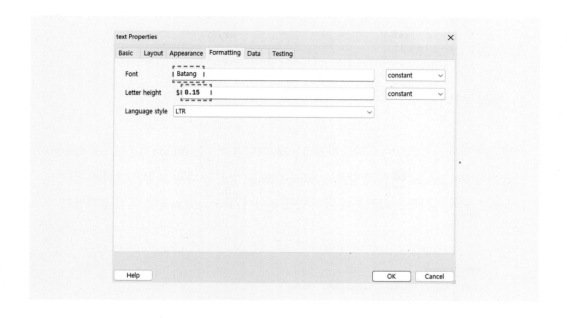

시행의 시작을 알리는 경고음은 참가자에게 주의를 환기시키고, 곧 나타날 자극에 집중할 수 있도록 만든다. PsychoPy Builder는 Sound 컴포넌트로 소리 자극에 관한 도구를 마련했다. 컴포넌트 아이콘 🔊을 클릭하면 다음과 같은 Sound 속성창이 열린다. Sound 속성창의 기본 탭은 Text 속성창과 유사하다. Start, Stop은 루틴이 시작한 후 언제 컴포넌트가 시작되는지, 그리고 얼마 동안 유지되는지를 정하는 곳이다. 시작 시간은 초점(+)이 시작되는 시간과 유지되는 시간을 0.25초로 초점과 같게 만든다. Sound 항목은 기본으로 A라고 되어 있다. A는 주파수가 440Hz이며, 악기의 조율에 사용하는 소리굽쇠 주파수(A4)와 같다.

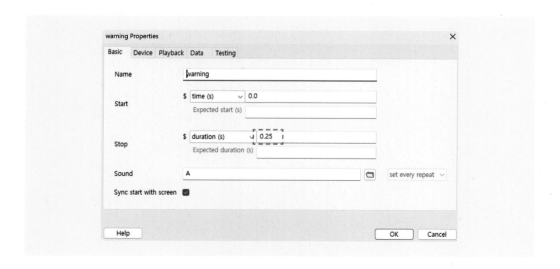

3. 이미지 제시하기

1) 정상 이미지 R

이번 실험에서 자극으로 이미지를 사용하는데, 이미지 제시는 Image 컴포넌트를 이용한다. Favorites에서 Image 를 클릭하고 Name, Image 항목을 다음 그림과 같이 바꾼다. Image는 폴더 아이콘을 클릭하여 미리 만든 R 이미지(letter_R.png)를 직접 선택한다.

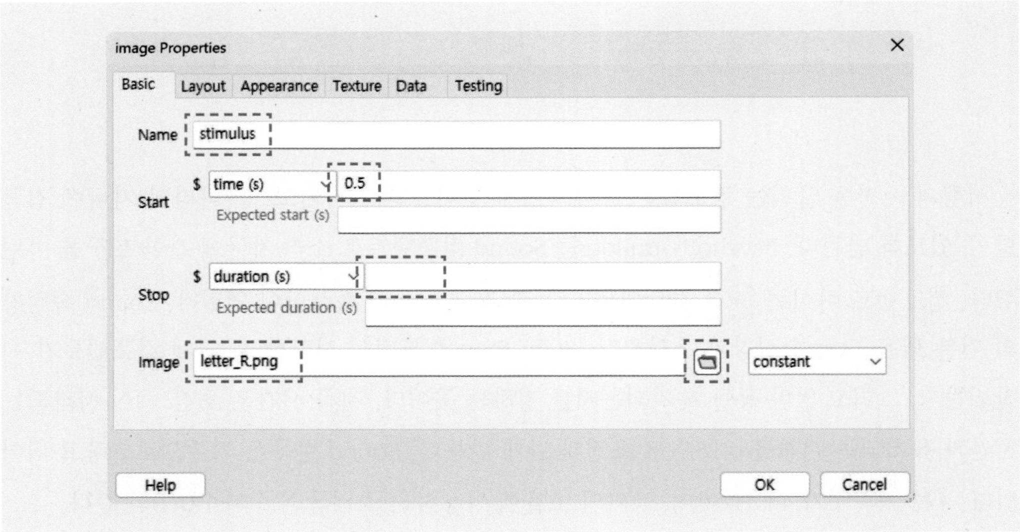

다음은 Keyboard 컴포넌트를 선택한다. 기본 옵션으로 OK를 클릭한다.

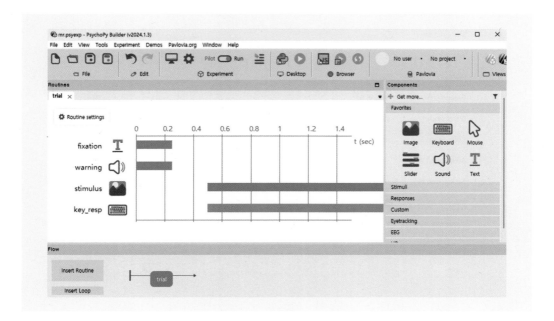

여기까지의 Builder 화면 결과이다.

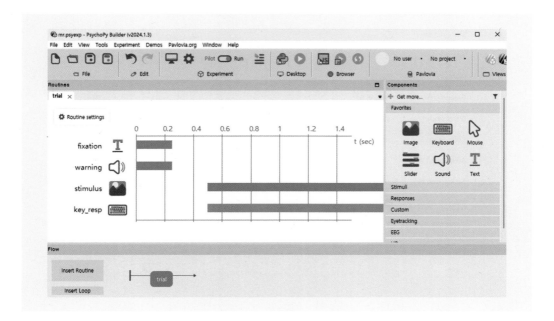

Builder 상단의 Desktop에 있는 삼각형 아이콘 ▶ 을 클릭하면 실험 프로그램이 작동한다. 제일 먼저 참가자 정보를 넣는 메뉴창이 뜬다. OK를 클릭하면, 전체 화면에 경고음과 함께 + 표시가 0.25초 제시된 후 정상 이미지 R이 중앙에 제시된다.

그런데 Builder의 화면 기본 세팅은 Full Screen Mode이다. 따라서 모니터를 두 개 이상 사용하는 경우가 아니라면 프로그램 실행 중에는 화면 전체가 자극 제시에 사용되므로, 다른 작업을 해야 할 경우에 난감해진다. 이렇게 실험 작성에 부딪히게 되는 어려움을 미리 풀어 주는 조치를 해 주는 편이 좋을 수 있다. 즉, Full Screen Mode를 해제하는 것인데, 이 방법을 알아보자.

Builder 상단의 톱니바퀴 아이콘을 클릭한다. 창이 뜨면 상단의 Screen 탭을 선택한다. 기본 화면에서 Full-screen window를 uncheck한다. 그런 다음 이제 Window size 항목이 활성화되고 적합한 화면 크기(pixel 단위)로 바꿀 수 있다. 지금은 바꾸지 않고 진행한다.

"Full-screen window"를 uncheck 하고 OK로 빠져나온다.

다시 실행을 해 보겠다. 참가자 정보를 넣는 팝업창이 나오면, OK를 클릭한다.

1초 동안 화면의 모습이다. PsychoPy라는 제목이 있는 창은 Full Screen Mode가 아닌 경우에 나온다.

2) 거울상 이미지 R

Image 컴포넌트 Basic 탭 아래쪽에는 그림을 수직, 수평으로 반전하는 체크 옵션이 있다. 그런데 이 옵션은 한번 정해지면 프로그램 수행 내내 같은 효과를 발휘한다. 즉, 실행 중 바꿔 가면서 사용할 수 없다. 그런데 같은 효과를 얻는 방법으로 Image 컴포넌트 Layout 탭에서 Size[w, h] 항목의 가로(w)축 값을 마이너스(−)로 바꿔 주는 방법이 있다. 이미지를 좌우 반전하는 트릭이다. 한편, 상하 반전은 세로(h)축 마이너스(−)로 바꾸면 된다. 따라서 이 항목을 조건 파일에서 Header로 삽입하여 실행 중에도 조작할 수 있다. 정말 이미지가 좌우 반전되는지 알아보자.

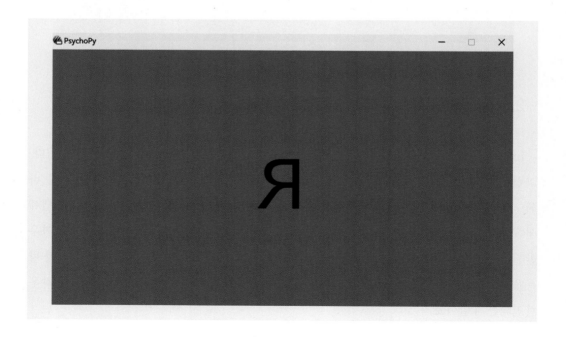

좌우 반전된 R이 제시된다.

이미지 반전은 x축 값이 플러스(+)인지, 마이너스(−)인지에 달려 있다. 그러므로 이를 반영하는 조건 파일을 mr_flip_cond.xlsx라는 이름으로 만든다.

	A	B	C	D	E	F	G	H
1	mirroring	angle	corrAns					
2	1	0	slash					
3	1	60	slash					
4	1	120	slash					
5	1	180	slash					
6	1	240	slash					
7	1	300	slash					
8	-1	0	z					
9	-1	60	z					
10	-1	120	z					
11	-1	180	z					
12	-1	240	z					
13	-1	300	z					
14								

Sheet1 +

첫 번째 줄을 Header라고 한다. mirroring은 R이미지의 좌우 반전, angle은 회전 정도, corrAns는 정해진 반응키다. 정상 글자면 slash를 거울상 글자면 z를 눌러야 옳은 반응이 된다.

Condition file은 MR 프로그램을 저장한 폴더에 mr_flip_cond.xlsx 이름으로 저장한다.

Flow 부분에 있는 "Insert Loop"를 클릭한다. 그러면 어느 부분을 반복할지를 물어본다. 여기서는 trial 부분만이 반복할 부분이다. 동그라미 점이 앞뒤가 되면 클릭을 한다. 이때 새로운 Loop Properties 창이 나온다.

① loopType은 sequential,

② nReps는 1로 바꾼다. 검사를 위해서 순서대로, 한 번만 볼 수 있도록 한다.

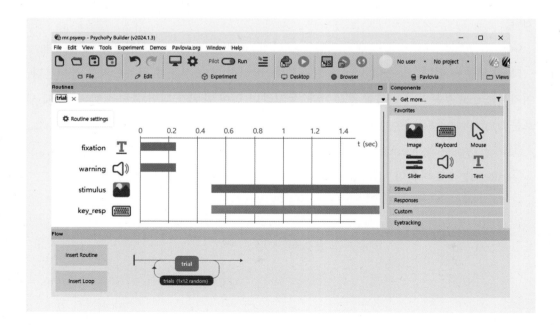

루프가 형성된 Flow이다.

다음은 Image 컴포넌트를 컨디션 파일의 Header에 맞춰 바꾼다. Layout 탭에서 Size(w, h) 항목의 가로 크기를 mirroring으로 곱해서 가로축 부호를 바꿀 수 있게 하고, constant는 set every repeat로 바꾼다. 그리고 Orientation 항목에도 angle을 넣고 constant는 set every repeat로 바꾼다. 그런데 Size[w, h]와 Orientation 항목 자체에는 $ 표기가 있으므로 Header 이름 앞에 $를 붙이지 않아도 된다.

key_resp 속성창의 Basic 탭에서 Allowed keys는 'slash'와 'z'로 바꾸고 Data 탭에서 Store correct 항목을 체크한 후, Correct answer에 $corrAns를 넣는다.

실행이 제대로 되는지 확인하고 다음으로 넘어간다.

4. 피드백 제시하기

　각 시행의 결과를 실험 참가자에게 알려 주면, 과제의 수행 기준에 적합하게 반응하게 하는 데 도움이 된다. 반응 시간을 측정하는 과제에서는 높은 정확성을 유지하면서 빠른 반응을 하도록 유도할 수 있다. 이를 피드백이라고 하는데, 실험 참가자의 반응은 미리 정해진 것이 아니므로, 실험 수행 중에 즉각적으로 반응의 정확성 여부를 판단하고, 이에 적합한 피드백을 주어야 한다. 따라서 coding 작업은 필수다. Builder에서 Code는 필요한 부분에 Code가 삽입될 수 있도록 준비되어 있다. 피드백 루틴을 만드는 작업의 난이도는 Python 언어를 직접 사용하기 때문에 약간 있는 편이다. 그렇지만 이 루틴은 다른 실험 프로그램에도 다시 사용할 수 있기 때문에 재활용도가 매우 높은 장점이 있다. 어렵더라도 루틴의 유용성은 확실히 보장이 되니, 잘 따라해 본다.

　먼저 "Insert Routine"을 클릭하고, 창이 뜨면 New Routine Name란에 "feedback"이라고 루틴 이름을 넣는다. trial 루틴이 만든 결과의 일부를 사용하기 때문에 별도의 루틴을 만들어야 한다.

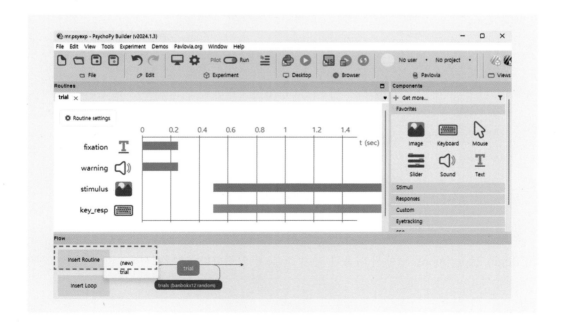

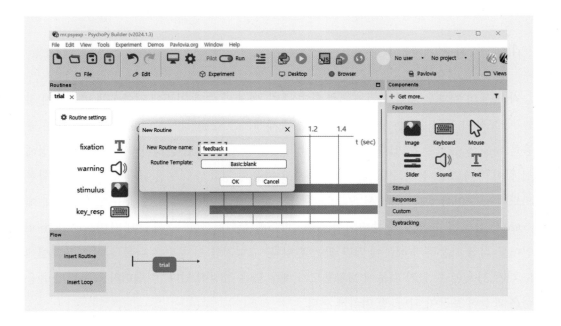

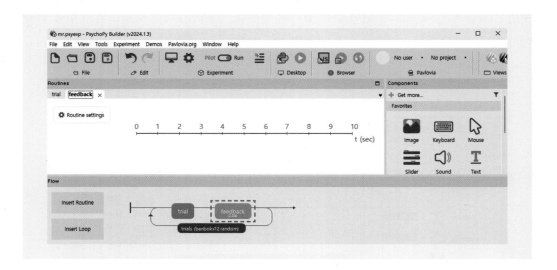

컴포넌트 파트 Custom에서 Code[1] <\> Code 를 선택한다.
"Begin Experiment" 탭에서 다음과 같이 Code를 입력한다. 코딩에서 msg는 변수라고 부

---

1 Code 컴포넌트의 기본 창은 좌우가 나뉘어져 있다. 좌측은 Python 코드를 넣는 곳이고, 올바른 코드가 입력되면 이 코드는 자동적으로 javascript로 번역되어 오른쪽에 나타난다.

른다. 어떤 내용을 담고 있는 그릇이라고 할 수 있다. 여기서는 피드백의 내용을 담아내기 위해 선언(declaration)이라는 절차가 필요한데, 아래 보이는 내용이 선언이다. 즉, 글을 나타내는 문자열(string)을 준비한다. 대부분의 컴퓨터 언어에서 '='은 배정(is assigned to)의 의미이고, '같다'의 개념은 '=='를 사용한다.

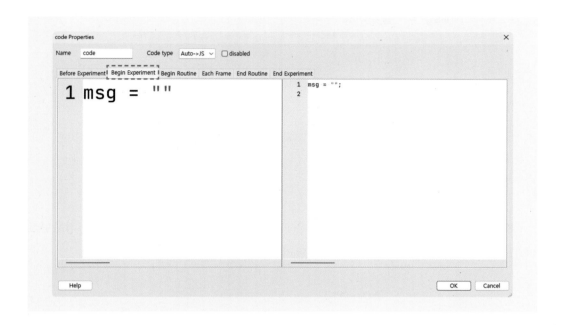

"Begin Routine" 탭에서 다음과 같이 Code를 입력한다. key_resp는 trial 루틴에서 반응을 받는 컴포넌트의 이름인데, 여기에 .corr을 붙인 key_resp.corr은 관찰자의 반응이 조건파일(Excel file)의 corrAns에 있는 반응과 일치하는지를 따져서, 일치하면 1, 불일치하면 0을 담아 두는 변수이다. 코딩의 내용은 key_resp.corr의 내용이 1이면, msg에 "맞았어요"를 담아 주고, 그렇지 않으면 msg에 "틀렸어요"를 담아 준다.

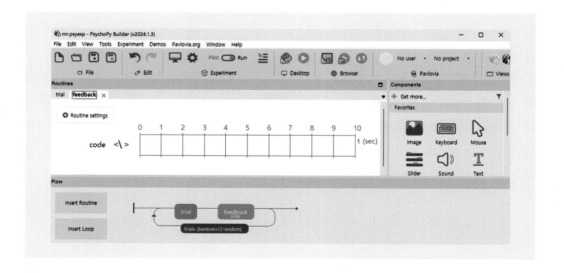

```
code Properties                                                                    ×
Name    code          Code type  Auto->JS ∨  ☐ disabled
Before Experiment  Begin Experiment  Begin Routine | Each Frame  End Routine  End Experiment

1  if key_resp.corr == 1:         1  if ((key_resp.corr === 1)) {
2      msg = "맞았어요"            2      msg = "\ub9de\uc558\uc5b4\uc694";
3  else:                          3  } else {
4      msg = "틀렸어요"            4      msg = "\ud2c0\ub838\uc5b4\uc694";
                                  5  }
                                  6

Help                                                                    OK     Cancel
```

OK를 클릭하고 빠져나오면, 다음과 같은 Feedback의 시간선이 보인다. Image 컴포넌트나 Text 컴포넌트, Keyboard 컴포넌트와 달리 Code 컴포넌트는 막대가 없다.

피드백은 화면에 "맞았어요" 또는 "틀렸어요"라는 글자를 시각적으로 제시할 것이다. 따라서 coding에서 msg에 담긴 내용을 화면에 보여 줄 Text 컴포넌트가 필요하다.

반응 후 잠깐 간격을 두기 위해 Start를 0.25로 하고, Stop duration은 1초, Text에는 $msg를 입력한다. 피드백 메시지는 매 시행마다 바뀌기 때문에 set every repeat로 바꾼다.

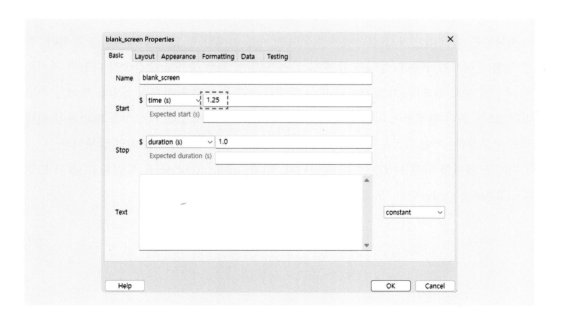

그리고 시행간 빈 화면을 넣어 준다. 빈 화면은 피드백 메시지 제시가 끝난 후 필요하기 때문에 시작 시간은 1.25초(=0.25+1.0)이다.

Feedback 루틴이 삽입된 timeline과 Flow이다.

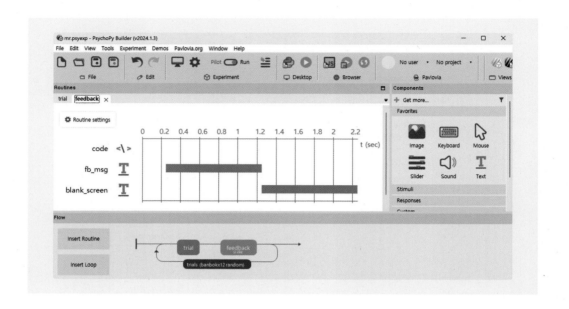

이제 실행이 되는지 검사를 한 후 지시문과 전체 시행을 위한 바깥 루프를 완성하도록 한다.

5. 지시문 제시하기

지시문은 실험 참여자가 실험에서 요구하는 바를 이해할 수 있도록 제시되는 것이다. 물론 실험 진행자가 구두로 설명을 할 수도 있지만, 실험 진행 중에도 중간중간 다양한 지시문이 제시될 수도 있으며, 이럴 때마다 말로 설명하는 것은 실험 참가자의 몰입을 방해할 수도 있다. 또한 실험 진행자에 따라 참가자의 반응이 달라질 수도 있는 가능성을 제거하기 위해서도 필요하다. 이런 과정은 일관성 있는 실험 진행을 위한 규약(protocol)의 일부이다.

지시문 제시를 위한 새로운 루틴을 만든다. 먼저 "Insert Routine"을 클릭하고, 창이 뜨면 New Routine Name 란에 "instruction"이라고 루틴 이름을 넣는다.

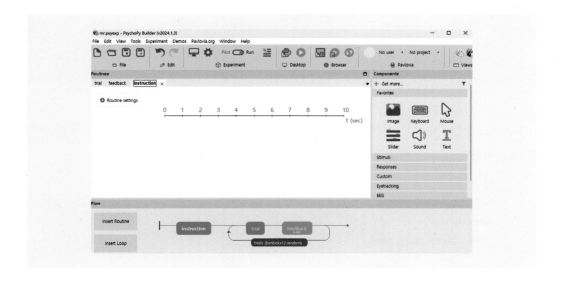

지시문 루틴의 위치는 trials 루프가 시작되기 전이다. 지시문을 읽고 나서 본시행을 시작한다고 생각하면 자연스럽게 이해가 될 것이다.

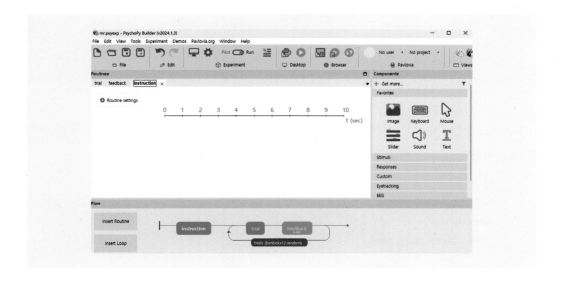

지시문 루틴은 지시문을 제시하는 Text 컴포넌트가 있어야 한다. 그리고 지시문을 이해하고 실험을 시작할 때까지 기다릴 수 있게, Keyboard 컴포넌트가 있어야 한다. 먼저 Text 컴포넌트를 다음과 같이 실험 내용을 이해할 수 있도록 넣는다. Keyboard 반응 때까지 지시문을 읽을 수 있도록 Stop 항목은 비워 둔다.

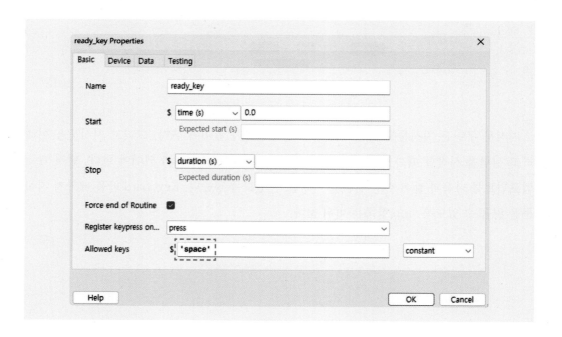

Keyboard 컴포넌트는 지시문을 충분한 여유를 가지고 읽고 이해할 수 있도록 시간 제한 없이 제시하고, space 키를 눌러 실험을 시작하도록 만든다.

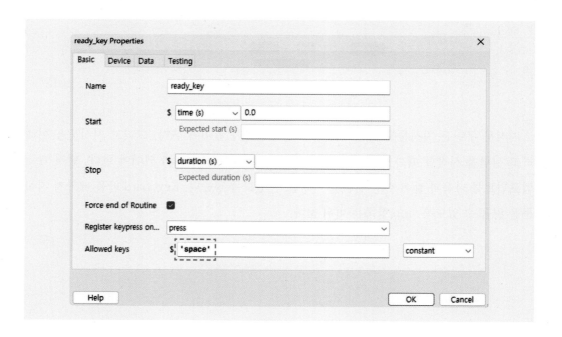

지금까지의 Flow이다.

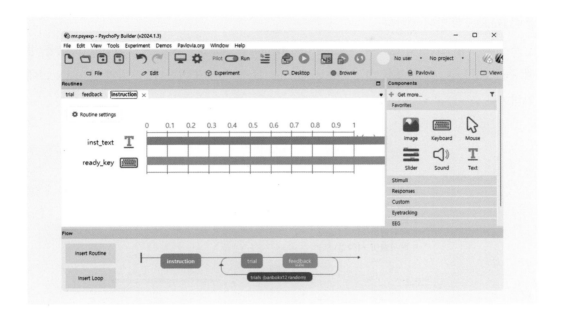

6. 이중루프 구성하기

심적 회전 실험에 사용하는 자극은 이미지의 반전 요인(factor)으로 정상 이미지 R과 거울상 이미지 R, 두 가지, 그리고 회전 요인은 0, 60, 120, 180, 240, 300도의 여섯 수준이 있으므로 모두 2 x 6 = 12가지의 자극이 있다. 각 자극의 반응 시간을 대표할 수 있는 평균값을 얻으려면 한 자극당 20회 정도의 관찰이 필요하다. 그렇게 하려면 전체 240회의 시행이 있어야 한다. 이를 위해서 실험을 한 번의 휴식도 없이 실행하려면 루프에서 nReps 항목을 20으로 바꿔 준다. 그렇지만 한 시행에 약 3초씩 걸린다고 가정하면, 총 720초, 즉 12분이 소요된다. 관찰자가 이렇게 오랫동안 과제 수행을 하면, 피로 등의 이유로 실수가 많아지게 되고, 틀린 반응이 많은 자료는 분석에 포함시키기 어렵다. 또한 실험 시행 절차에 익숙하기 위해서 본격적인 시행에 앞서 연습시행도 있어야 한다.

그러므로 적절한 수의 시행으로 된 연습시행, 그리고 여러 세션으로 구성된 본시행을 구성할 필요가 있다. 이는 반복 시행인 루프 trials를 한 단위로 간주하고 이를 다시 "반복"하는 바깥 루프를 도입하면 가능하다.

바깥 루프를 위한 조건 파일(condition file)을 만들어 보자. 조건 파일에는 다음 루프가 연습시행인지, 본시행인지를 알려 주는 부분, 그리고 시행 횟수는 얼마나 할지를 알려 주는 부분이 Header로 있어야 한다.

조건 파일을 Excel로 만든다. 이름은 mr_metacond.xlsx로 하고, 루프의 nReps 값을 정해 주는 banbok, 각 루프를 설명하는 sess_msg Header를 준비한다. 그림과 같이 Excel에 입력한다.

이 조건 파일을 바깥 루프로 삽입한다. Insert loop를 클릭하여 안쪽 루프를 감싸도록 점 (●)의 위치를 지정한다.

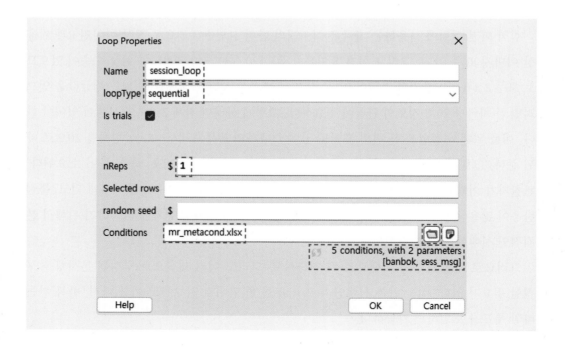

이중 루프가 삽입된 Flow이다.

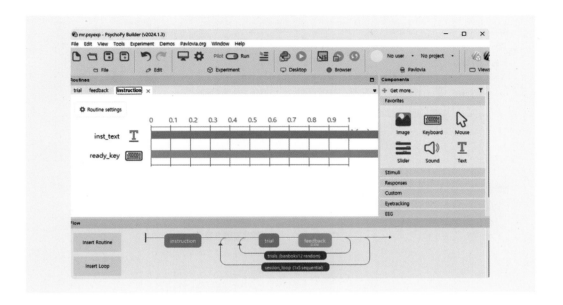

세션 간 구분이 필요하므로 Sess_msg가 제시될 안내 루틴 ready를 따로 만든다. 지시문 루틴과 유사하다.

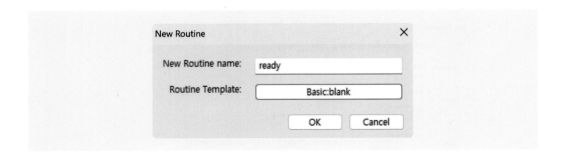

위치는 다음 Flow에 있으며, 컴포넌트 구성은 그림과 같다.

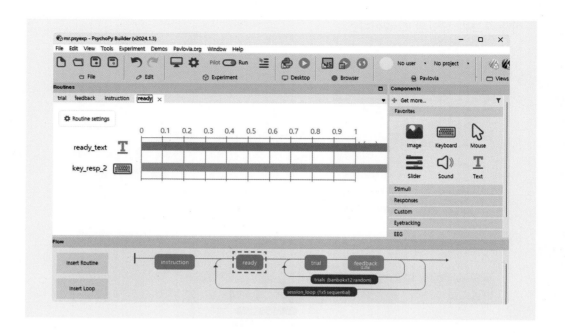

Text와 Keyboard 컴포넌트를 포함시키는데, Keyboard 컴포넌트는 기본값들을 바꾸지 않고 쓰고, Text 컴포넌트 내용은 바깥 루프 조건 파일의 Header인 sess_msg로 그림과 같이 바꾼다.

banbok Header는 안쪽 trials 루프의 nReps와 연결한다. 안쪽 trials 루프의 nReps를 banbok으로 바꾸고, loopType을 random으로 바꾼다. nReps는 기본으로 $가 있으므로 Header 이름만 입력하면 된다.

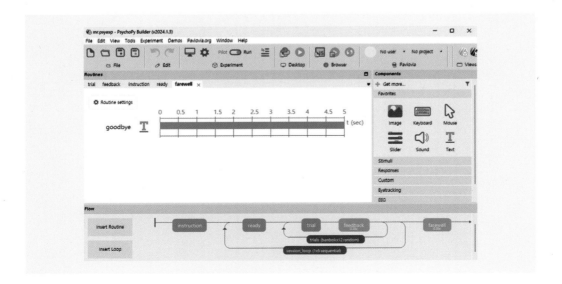

이제 마지막으로 farewell 루틴을 삽입한다. farewell 루틴은 5초간 제시되는 Text 컴포넌트만 포함시킨다.

이제 연습 세션과 본 세션으로 구성되었으며, 매 시행마다 피드백도 제공하는 완전한 실험 프로그램이 되었다. 연습 세션은 자극당 2번씩 24 시행이다. 본 세션은 4개로 구분하여 중간 휴식을 가질 수 있게 하였으며, 자극당 20번씩 총 240 시행을 하게 된다.

결과 자료에 대한 분석 방법은 제14장에 있다.

제**4**장

거리 효과

시행 도식

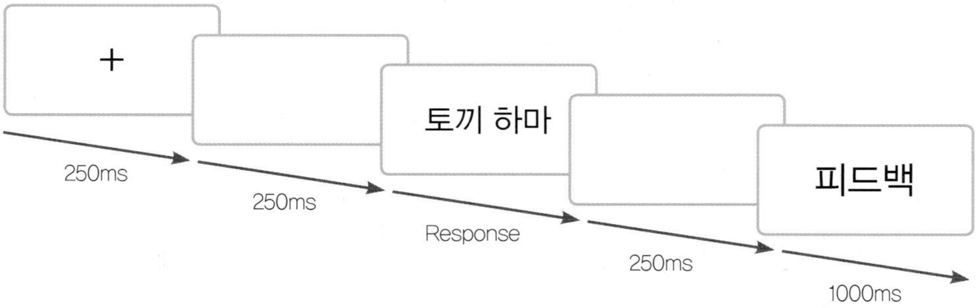

+	

250ms

250ms

토끼 하마

Response

피드백

250ms

1000ms

학습 내용

1. 글자의 화면 제시 위치 조정하기

2. 자극 조건을 순열을 이용하여 빠짐없이 준비하기

3. 경고음이 있는 피드백 코드 작성하기

4. 이중 Loop에서 안쪽 Loop 세션마다 조건 파일을 다르게 사용하기

1. 화면 위치

심상(Imagery)은 인지심리학의 주요 연구 주제로, 앞장에서도 심적 회전에 관한 연구를 소개하였지만, 그 외에도 다양한 연구들이 있다. Moyer(1973)는 화면에 제시된 동물 이름을 보고 동물의 실제 물리적 크기를 비교하여 판단하는 과제를 사용하였으며, 마음속으로 떠올려서 비교되는 동물 간의 물리적 크기 차이가 클수록 판단하는 시간이 짧아진다는 거리효과 (distance effect)를 보고하였다. 이번 장에서는 이 과제를 구현해 보도록 한다.

다음 표는 홍리정 & 남종호(2020)의 연구에서 인용한 것이다. 이 연구자들은 Moyer(1973) 의 실험을 확장한 실험의 일부로서 한 단어, 두 단어, 세 단어로 된 모두 6개의 동물 집합을 자극으로 사용하였다. 이들의 연구에는 단어 조건과 더불어 이미지 조건이 있었다. 그런데 여기서는 Text 자극 제시를 연습하기 위하여 단어 조건만을 사용하도록 한다.

표 4-1   의미적 크기와 음절수로 분류한 실험자극

		한 음절 단어 (one-syllable word)	두 음절 단어 (two-syllable word)	세 음절 단어 (three-syllable word)
의미적 크기의 서열 위치	1	벌	개미	달팽이
	2	쥐	나비	병아리
	3	닭	참새	비둘기
	4	개	토끼	두루미
	5	양	돼지	호랑이
	6	소	하마	코끼리

Builder 새 창을 열고(File → New), 이것을 파일로 저장한다(File → Save As).

Moyer1973 이름으로 저장을 한다. 여러분은 각자 원하는 이름을 사용해도 좋지만, 되도록 알파벳으로 이름을 만든다.

trial 루틴에 Text 컴포넌트를 세 번 사용한다. 첫 번째는 초점으로 사용할 +, 그리고 두 번째와 세 번째는 좌측과 우측에 각각 나올 동물 이름을 제시할 컴포넌트다. 그리고 시행 시작 때 경고음을 제시하는 Sound 컴포넌트를 추가한다.

첫 번째로 fixation 이름의 '+' 제시용 컴포넌트다. 이는 250msec(1/4초) 동안 제시하도록 그림처럼 수정한다. 그리고 Formatting 탭에서 Font는 Batang으로, Letter height는 0.15로 수정한다(제2장 47쪽 참고).

두 번째로 warning 이름의 Sound 컴포넌트다. 이는 250msec(1/4초) 동안 제시하도록 한다.

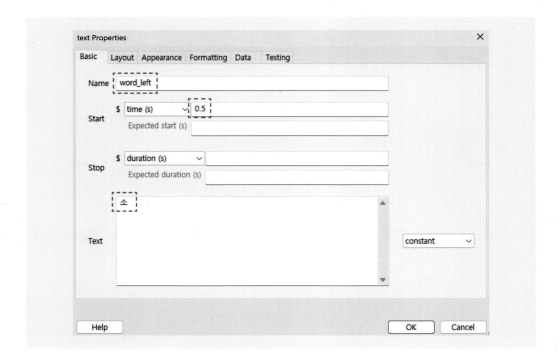

다음은 단어 자극 제시를 위한 Text 컴포넌트다. 화면 테스트를 위해서 우선 '소'와 '양'을 사용하도록 한다.

왼쪽 단어를 위한 구성이다. Name은 word_left로 정해 의미가 통해 기억하기 쉽도록 만들고, Start는 0.5초, 제시되는 단어가 나올 Text란에는 "소"를 넣는다.

　　단어를 왼쪽에 제시하기 위해 Layout 탭을 클릭하고, 기본 위치를 변경하기 위해 Position을 (-0.2, 0)으로 바꾼다. 좌표는 화면 가운데 수평선을 직교좌표의 x 축이라고 생각하면 된다. 정중앙은 (0, 0)의 원점이 되고 왼쪽 화면은 -, 오른쪽 화면은 +이다. PsychoPy Builder의 기본 세팅에서 화면의 세로 범위, 즉 y축의 범위는 -0.5~0.5로 정해져 있다. 화면의 가로 범위, 즉 x축의 범위는 화면 해상도에 따르지만 일반적으로 조금 더 크다. 화면의 좌표에 관한 자세한 설명은 부록 A를 참고하기를 바란다.

　　오른쪽 단어를 위한 구성이다. Name은 word_right로 정하고, Start는 fixation이 끝나는 시간인 0.5초, 제시되는 단어가 나올 Text에는 "양"을 넣는다.

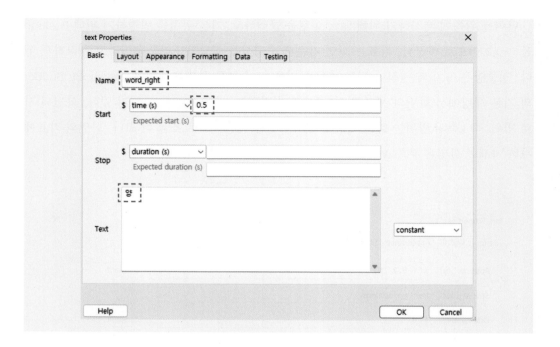

단어를 오른쪽에 제시하기 위해 Layout 탭을 클릭하고, 이번에는 왼쪽 단어의 대칭인 지점으로 기본 위치를 변경하기 위해 Position을 (0.2, 0)으로 바꾼다.

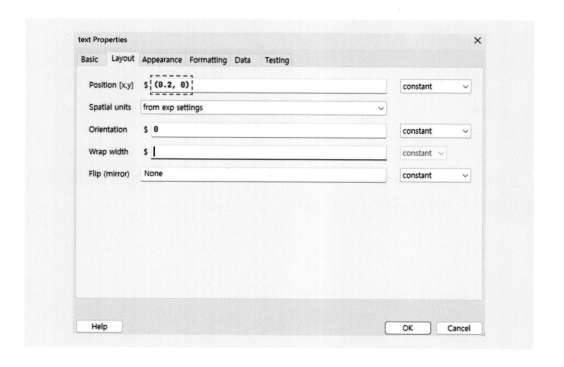

반응을 받기 위해 Keyboard 컴포넌트를 삽입한다. 단어 출현 시간과 일치하도록 Start를 0.5초로 한다. 가능한 키도 'z', 'slash'로 미리 바꿔 놓는다.

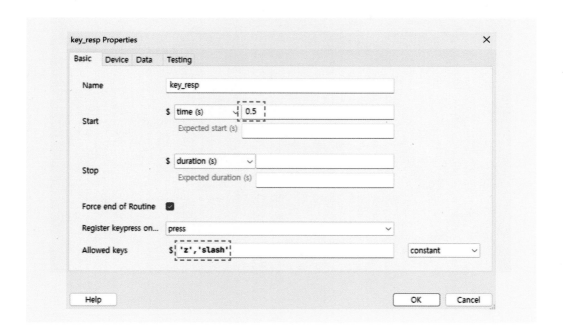

일단 완성된 trial Routine의 창과 시간선(timeline)이다.

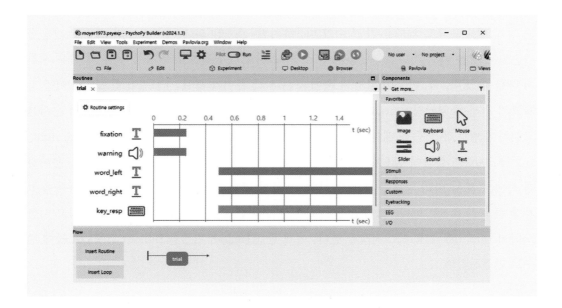

다음은 실행시킨 화면이다. Keyborad에서 지정된 'z', 'slash'를 눌러 시행을 끝낸다.

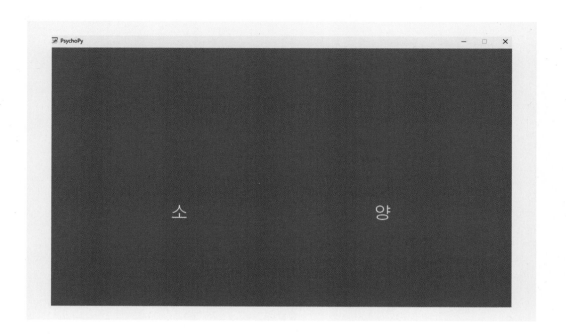

이제 기본틀인 trial Routine이 구성되었으므로 자극들이 제시될 목록을 만드는 작업을 해 보자. 동물 크기를 비교하기 위해서는 좌측 동물과 우측 동물을 비교할 수 있는 쌍으로 빠짐없이 만들어야 한다. Excel file을 준비하는데, 여섯 종류의 동물(벌, 쥐, 닭, 개, 양, 소)로 왼쪽, 오른쪽 순서가 있는 순열은 6×5, 모두 30가지가 된다. 동물을 비교하는데 왜 순서가 있는 쌍이 필요하냐고 의문을 가질 수 있다. 하지만 "소−양"의 쌍에서 "소"가 크다고 반응을 왼손으로 했을 때와 "양−소"의 쌍에서 "소"가 크다고 오른손으로 반응을 했을 때 반응 시간이 다를 수 있다. 즉, 반응이 할당된 손에 따른 시간 차이가 생길 가능성이 있으므로 이를 상쇄하기 위하여 역균형화(counter-balancing) 절차를 적용하는 것이다. 즉, 자극쌍의 순서를 고려하여 반응하는 손을 배정하는 작업과 같은 것이 된다. Excel 파일에서 left_ani, right_ani, corrAns는 실험에 필요한 Header이고 left_size, right_size, size_diff는 분석을 용이하게 하기 위해서 미리 만드는 Header이다. 동물의 크기는 순서를 매겨 제일 작은 동물을 1, 가장 큰 동물을 5로 한다. 그리고 둘의 차이를 절대값으로 size_diff에 넣는다. 그리고 이를 animalcond.xlsx 이름으로 저장을 한다. 이제 관련 Header 이름을 Builder 컴포넌트들에 변수로 연결시킨다.

	A	B	C	D	E	F	G
1	left_ani	right_ani	corrAns	left_size	right_size	size_diff	
2	벌	쥐	slash	1	2	1	
3	벌	닭	slash	1	3	2	
4	벌	개	slash	1	4	3	
5	벌	양	slash	1	5	4	
6	벌	소	slash	1	6	5	
7	쥐	벌	z	2	1	1	
8	쥐	닭	slash	2	3	1	
9	쥐	개	slash	2	4	2	
10	쥐	양	slash	2	5	3	
11	쥐	소	slash	2	6	4	
12	닭	벌	z	3	1	2	
13	닭	쥐	z	3	2	1	
14	닭	개	slash	3	4	1	
15	닭	양	slash	3	5	2	

Sheet1 +

Loop를 삽입한다. Conditions는 폴더 아이콘을 클릭하여 저장한 animalcond.xlsx 파일을 찾아서 선택한다. 테스트를 위해 loopType은 sequential로, 반복 횟수(nReps)는 1로 한다.

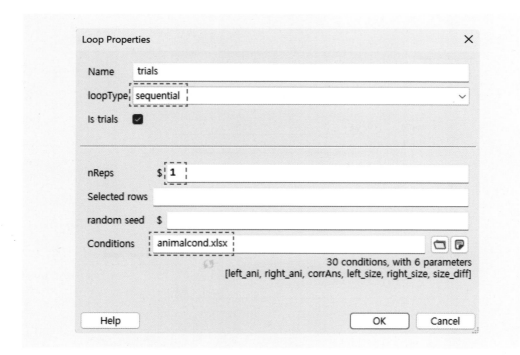

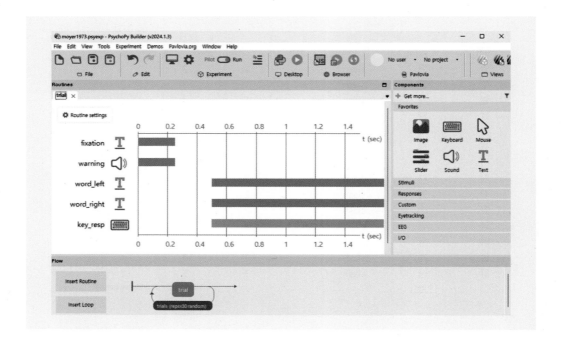

Header 정보를 해당 위치에 연결한다. left_ani는 $ 표시와 함께 word_left에 삽입한다. 이때 바뀌는 옵션(constant → set every repeat)을 잊으면 안 된다.

Header right_ani는 $와 함께 word_right에 삽입한다. set every repeat 옵션도 바꿔 준다.

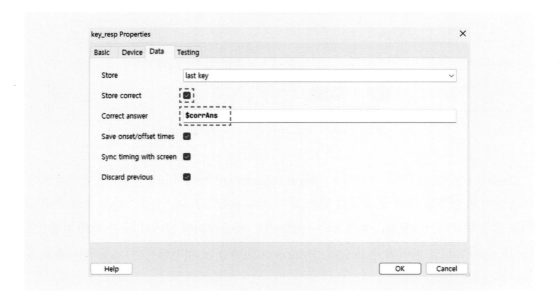

반응이 옳았는지 확인하는 부분도 수정한다. Data 탭에서 Store correct를 check하고 Correct answer에 Header인 "corrAns"를 $ 표시를 붙여 삽입한다.

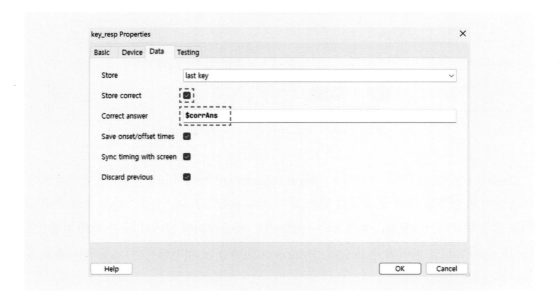

2. 경고음이 있는 피드백

시행마다 피드백을 제시하는 Routine을 도입한다. 앞장에서 연습한 바와 같이, 반응에 피드백을 주는 Routine을 만드는데, 시각 정보뿐만 아니라 이번에는 틀렸을 때 경고음이 나오도록 만들어 본다. 우선 Insert Routine을 선택하여 feedback이란 이름으로 Routine을 만든다.

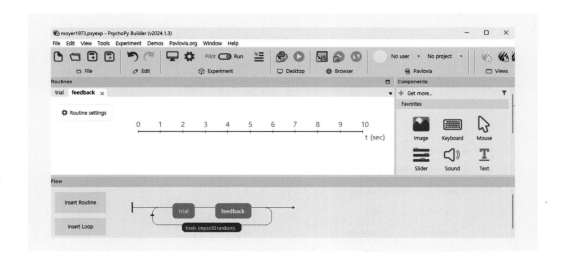

Code component 를 선택하고, Begin Experiment 탭에서 msg와 vol을 초기화한다. msg는 정오 여부를 알려 줄 정보를 담는 변수이고, vol은 경고음을 참가자가 듣는 소리 크기를 담을 변수다. Code type은 Auto → JS로 기본 세팅이 되어 있어서, 우측 창에 자동으로 JavaScript Code로 번역해 주고 있다. Python code만을 보기 위해서는 Code type을 Py로 선택한다.

앞의 trial Routine에서 반응을 했으므로 이어진 다음 Routine은 시작하는 부분에서 필요한 변수값을 정해 줘야 한다. Begin Routine 탭에서 직전 trial Routine 반응의 정확성에 따라 msg와 vol 값을 정한다. 앞 장에서도 설명했지만, 반응의 정확성은 반응 컴포넌트의 이름(key_resp)에 corr을 덧붙인 key_resp.corr로 알 수 있다. 정반응의 경우, 화면에 "맞았어요" 단어가 제시되고, 소리는 크기가 0이기 때문에 소리가 나지 않는다. 오반응의 경우, 화면에 "틀렸어요" 단어가 제시되고, 소리는 크기가 0.8이기 때문에 소리가 난다. 코드에서 보이는 들여쓰기는 Python 문법의 일부이므로 들여쓰기와 줄 맞추기는 반드시 지켜 줘야 한다.

변수 msg가 담은 메시지를 제시할 수 있는 Text 컴포넌트를 넣어 준다. 코드에서 만든 변수인 msg를 Text 필드에 $ 표시를 더해서 넣어 준다. 'constant'는 'set every repeat'로 바꾼다.

경고음을 들려주는 Sound 컴포넌트도 넣어 준다. 음높이는 시행 시작음이 A(=440Hz)였으므로, 한 옥타브 높은 소리(880Hz)로 하여 경각의 의미를 드러나게 한다. 소리 지속 시간은 200msec로 짧게 넣어 준다.

vol 변수가 적용될 Volume은 Playback 탭에 있다. 이미 $ 표시가 있으므로 변수명 vol만 넣어 준다. 그리고 소리 크기는 매 시행마다 정해지므로 'constant'를 'set every repeat'로 바꾼다.

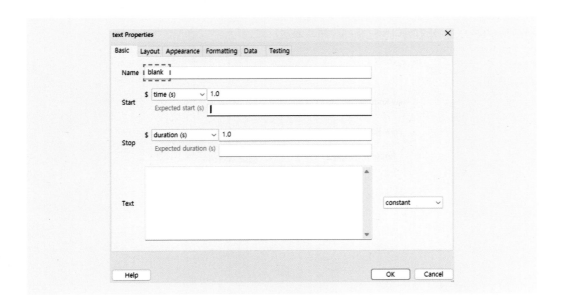

그리고 다음 시행까지 1초의 빈 화면이 나오도록 만들어 시행 간 구분이 되면서 휴지기가 되도록 한다.

이 피드백 루틴은 틀린 반응을 하게 되면 경고음이 수반된다. 이는 실험 참가자의 수행에 관한 경각심을 높이고, 주의집중을 이끌어 낼 수 있다.

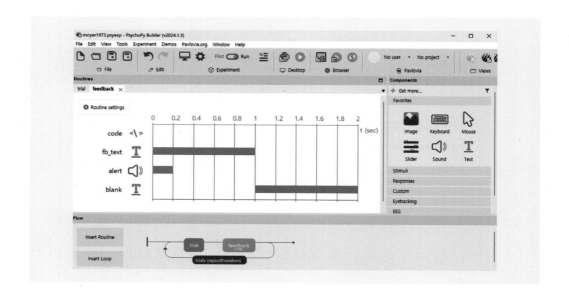

실험을 시작하기 전, 후에 필요한 루틴이 있다. 바로 실험 지시문 루틴과 실험 종료 루틴이다.

먼저 과제 수행에 관한 지시문 루틴을 삽입한다. Text를 사용하여 직접 넣도록 한다. 참가자가 지시문을 충분한 시간을 가지고 읽은 후 다음 단계로 진행할 수 있도록 Keyboard 컴포넌트도 기본으로 삽입한다(제3장 73~75쪽 참조).

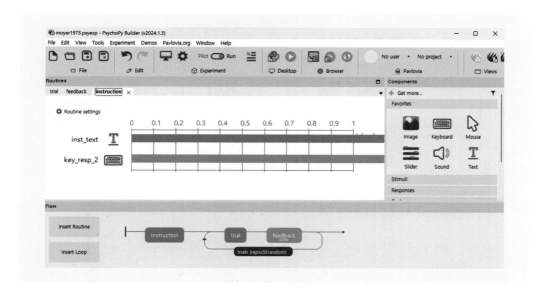

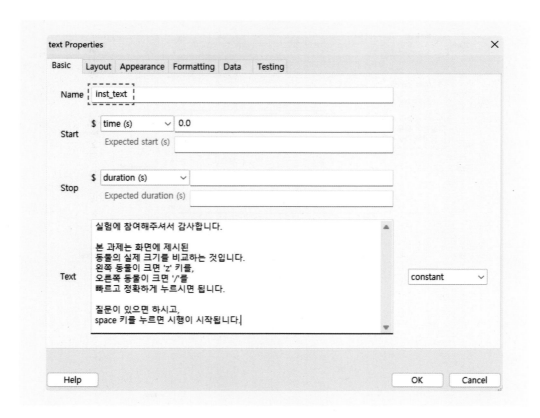

다음은 실험이 끝난 후에 감사의 인사를 제시하는 루틴이다.

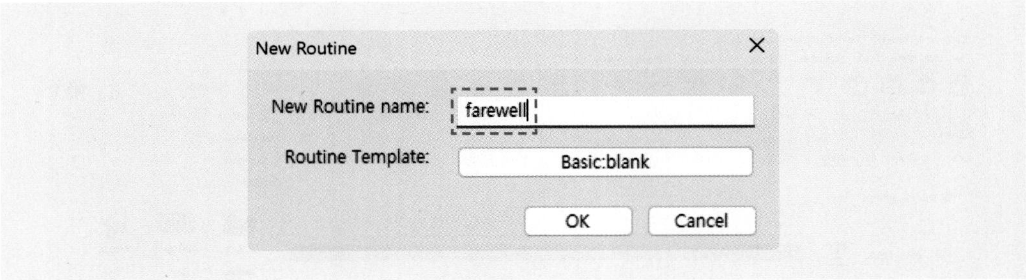

New Routine

New Routine name: farewell

Routine Template: Basic:blank

OK   Cancel

Text만 삽입하되 5초 동안 제시되고 사라지도록 한다.

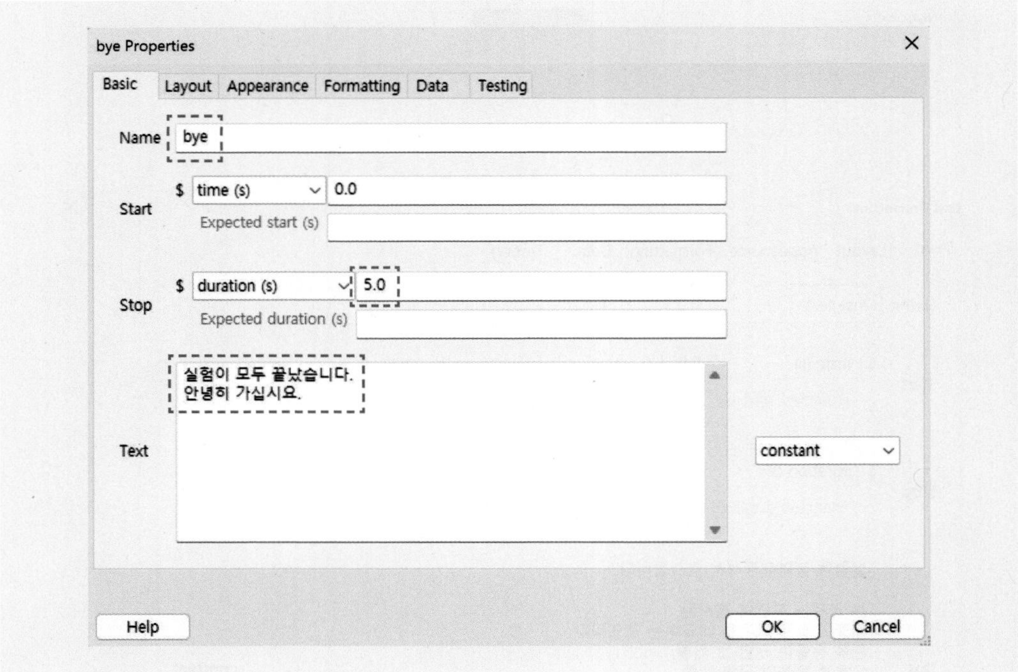

bye Properties ×

Basic | Layout | Appearance | Formatting | Data | Testing

Name: bye

Start $ time (s) ▼ 0.0
Expected start (s)

Stop $ duration (s) ▼ 5.0
Expected duration (s)

Text 실험이 모두 끝났습니다.
안녕히 가십시오.   constant ▼

Help   OK   Cancel

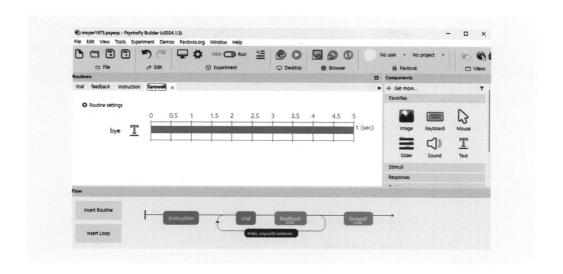

실험 프로그램 테스트를 위해서 일시적으로 지정했던 부분을 수정해서 본 실험을 수행한다. Loop 부분을 고친다. 한 시행은 2.7~3.5초 정도 걸린다. 집중해서 과제를 할 수 있는 시간을 10분 이내로 생각하면, 한 Session은 30의 배수인 경우 150회(30회×5 반복)가 적당할 것 같다. 그러므로 nReps를 5로 지정한다.

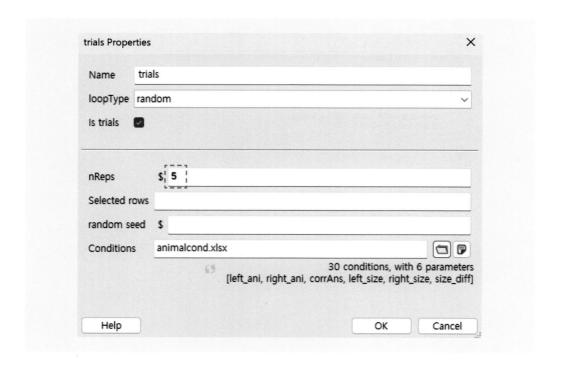

실험에서 얻고자 하는 한 비교 조건의 관찰 횟수를 20회 정도로 정한다. 역균형화된 상황이므로 한 번 반복할 때 특정 단어 조합의 관찰 횟수는 2회이다. 따라서 10번 반복하면 20회 관찰에 도달할 수 있다. 따라서 현재 구성에서 150회 시행 session을 2번 반복하면 된다. 중간에 적절히 쉬는 시간도 가져야 하므로 이중 loop를 사용하고, session이 시작되기 전 스페이스 반응을 기다리는 sessionready Routine을 새로 만들어서 삽입한다.

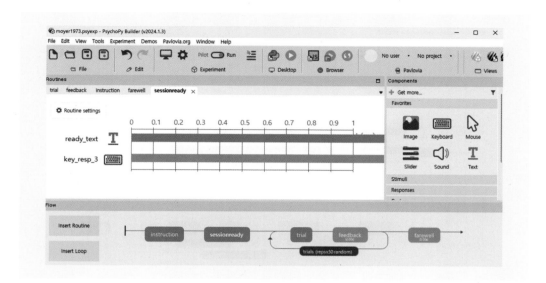

multi_session이란 이름으로 Loop를 삽입한다. nReps만 2를 지정하고 순서는 sequential
로 한다.

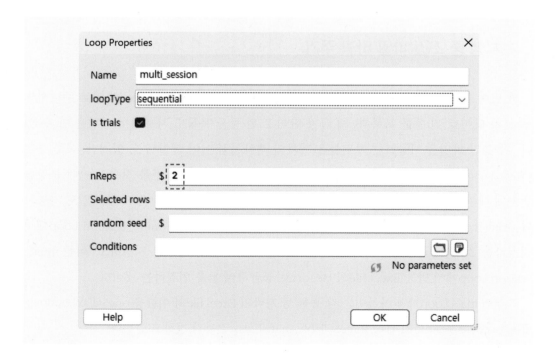

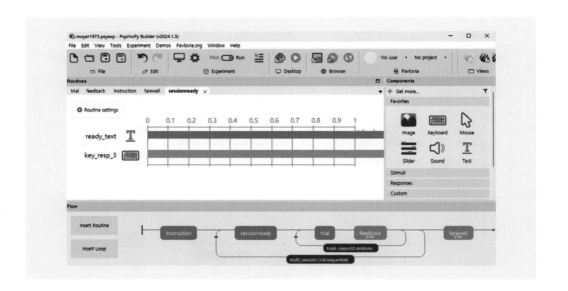

　30가지 쌍조합을 5회 반복하는, 150회 시행으로 된 세션, 그리고 이 세션을 2회 반복하는 실험 진행 구조이다.

3. 시행 중 조건 파일 바꿔 주기

　한 단어로 된 동물 목록으로 실험을 구성했으므로, 이제 목록만 Excel 파일로 준비하면 두 글자 단어로 된 동물 목록과, 세 글자 단어로 된 동물 목록도 사용해서 실험을 할 수 있다. 각 조건 파일을 사용하는 루틴들을 기차의 객차처럼 이어 붙일 수도 있지만, 이중 루프(Nested Loop) 형식을 사용하면 훨씬 간결하게 된다. 앞장에서는 반복 횟수와 안내 문장을 변수에 대치하는 것을 제3장에서 해 봤다. 변수에 대치할 수 있는 것은 조건 파일도 가능하다. trials Loop가 받아들이는 Excel file의 이름을 바깥쪽에 있는 multi_session Loop에서 지정하는 것이다. 즉, trials Loop가 받는 Excel file의 이름을 변수로 지정하고, 이를 multi_session Loop에서 받는 Excel file의 Header로 공급하여 둘을 연결하는 것이다.

　그러면 trials Loop가 받아들이는 각 동물 쌍 자극의 Excel file의 이름을 oneSyllableAnimal.xlsx, twoSyllableAnimal.xlsx, threeSyllableAnimal.xlsx로 각각 정하고 만든다.

　oneSyllableAnimal.xlsx는 지금까지 사용했던 animalcond.xlsx 파일 이름을 수정해서 사용한다.

	A	B	C	D	E	F	G	H
1	left_ani	right_ani	corrAns	left_size	right_size	size_diff		
2	벌	쥐	slash	1	2	1		
3	벌	닭	slash	1	3	2		
4	벌	개	slash	1	4	3		
5	벌	양	slash	1	5	4		
6	벌	소	slash	1	6	5		
7	쥐	벌	z	2	1	1		
8	쥐	닭	slash	2	3	1		
9	쥐	개	slash	2	4	2		
10	쥐	양	slash	2	5	3		
11	쥐	소	slash	2	6	4		
12	닭	벌	z	3	1	2		
13	닭	쥐	z	3	2	1		
14	닭	개	slash	3	4	1		
15	닭	양	slash	3	5	2		
16	닭	소	slash	3	6	3		
17	개	벌	z	4	1	3		

Sheet1 +

	A	B	C	D	E	F	G	H
1	left_ani	right_ani	corrAns	left_size	right_size	size_diff		
2	개미	나비	slash	1	2	1		
3	개미	참새	slash	1	3	2		
4	개미	토끼	slash	1	4	3		
5	개미	돼지	slash	1	5	4		
6	개미	하마	slash	1	6	5		
7	나비	개미	z	2	1	1		
8	나비	참새	slash	2	3	1		
9	나비	토끼	slash	2	4	2		
10	나비	돼지	slash	2	5	3		
11	나비	하마	slash	2	6	4		
12	참새	개미	z	3	1	2		
13	참새	나비	z	3	2	1		
14	참새	토끼	slash	3	4	1		
15	참새	돼지	slash	3	5	2		
16	참새	하마	slash	3	6	3		
17	토끼	개미	z	4	1	3		

Sheet1 +

	A	B	C	D	E	F	G	H
1	left_ani	right_ani	corrAns	left_size	right_size	size_diff		
2	달팽이	병아리	slash	1	2	1		
3	달팽이	비둘기	slash	1	3	2		
4	달팽이	두루미	slash	1	4	3		
5	달팽이	호랑이	slash	1	5	4		
6	달팽이	코끼리	slash	1	6	5		
7	병아리	달팽이	z	2	1	1		
8	병아리	비둘기	slash	2	3	1		
9	병아리	두루미	slash	2	4	2		
10	병아리	호랑이	slash	2	5	3		
11	병아리	코끼리	slash	2	6	4		
12	비둘기	달팽이	z	3	1	2		
13	비둘기	병아리	z	3	2	1		
14	비둘기	두루미	slash	3	4	1		
15	비둘기	호랑이	slash	3	5	2		
16	비둘기	코끼리	slash	3	6	3		
17	두루미	달팽이	z	4	1	3		
18	두루미	병아리	z	4	2	2		

Sheet1 +

이렇게 준비한 컨디션 파일을 하나씩 적용할 수 있도록 multi_session Loop를 수정한다. multi_session Loop에서 받아들이는 Excel file이 Header 칼럼의 내용이 되는 조건 파일을 meta_condfile.xlsx 이름으로 준비한다. 내용은 다음과 같이 구성한다. Header 이름인 animalSet은 trial Loop에서 컨디션 파일을 읽는 데 사용한다. 연습시행과 본시행을 알려 주는 메시지를 sessionready 루틴의 Text를 수정하여 sMSG의 내용으로 바꿔 준다. 연습시행과 본시행에 따른 30개 자극쌍의 반복 횟수를 reps Header로 정해 준다.

	A	B	C	D	E	F
1	animalSet	reps	sMSG			
2	oneSyllableAnimal.xlsx	1	한 글자 동물 연습시행입니다.			
3	oneSyllableAnimal.xlsx	5	한 글자 동물 본시행입니다.			
4	twoSyllableAnimal.xlsx	1	두 글자 동물 연습시행입니다.			
5	twoSyllableAnimal.xlsx	5	두 글자 동물 본시행입니다.			
6	threeSyllableAnimal.xlsx	1	세 글자 동물 연습시행입니다.			
7	threeSyllableAnimal.xlsx	5	세 글자 동물 본시행입니다.			
8						

Sheet1 +

multi_session Loop를 클릭하여 비어 있는 condition 필드에 meta_condfile.xlsx 이름을 넣는다. 그리고 nReps의 값을 1로 바꾼다. 동물 단어 쌍 비교가 한 음절, 두 음절, 세 음절 단어의 세 가지로 시행되므로 nReps가 1이어도 session은 세 번 반복된다.

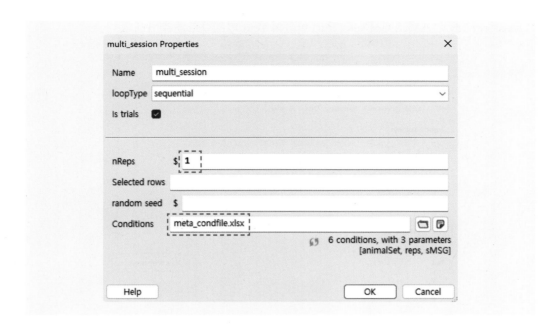

그리고 trials Loop를 클릭하여 condition 필드에 meta_condfile.xlsx에서 컨디션 파일을 나타내는 Header로 정한 animalSet를 $ 표시와 함께 넣는다. nReps에는 $ 표시 없이 reps를 넣는다.

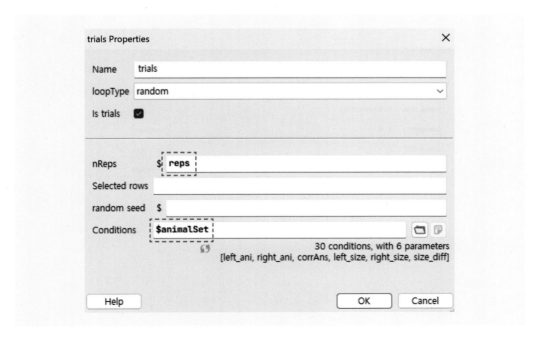

sessionready 컴포넌트에서 sess_Info 이름의 Text 컴포넌트를 추가해 준다.

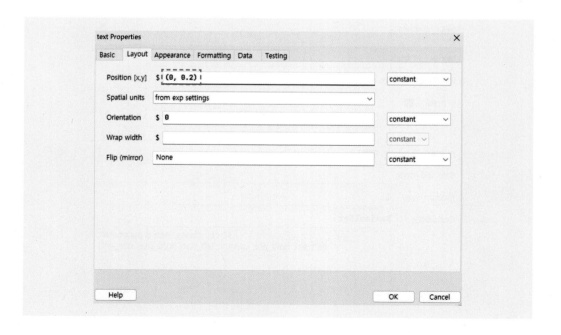

Text 내용이 Sessionready의 Text 위치와 겹치지 않도록 위치 조정이 필요하다. y축 방향으로 올려서 배치한다.

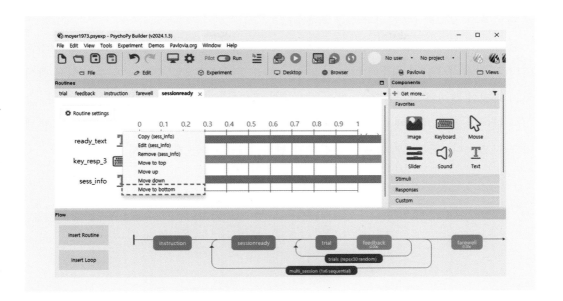

Text 컴포넌트의 순서는 재배열해서 보기 쉽게 만든다. 옮기려는 컴포넌트를 마우스로 가리킨 후 오른쪽 마우스 버튼을 이용하여 컴포넌트의 차례를 바꾼다.

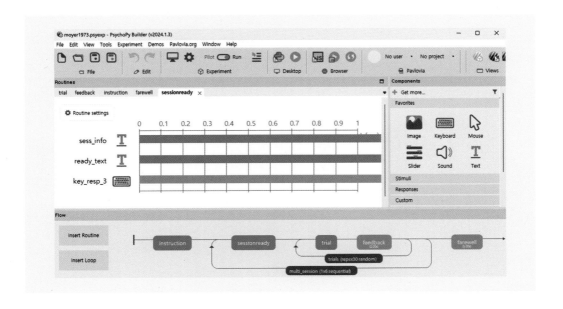

이제 실험 프로그램이 완성되었다. 한 글자 동물 연습시행 30회, 한 글자 동물 본시행 150회, 두 글자 동물 연습시행 30회, 두 글자 동물 본시행 150회, 세 글자 동물 연습시행 30회,

세 글자 동물 본시행 150회의 순서로 진행된다.

　3가지 종류의 조건 파일을 반드시 순서(한 글자 → 두 글자 → 세 글자)대로 해야 하는 것은 아니다. 시행에서 글자 개수가 다른 동물 단어를 혼용해서 사용할 경우 글자 수에 따른 단어 처리 과정의 차이가 발생할 수도 있으므로 세션 내에서는 글자 개수를 같게 통제하였다. 그러나 단어의 글자 개수에 따른 정보처리 차이를 연구하는 것이 아니므로 실행 순서는 문제가 되지 않는다. 조건별 시행 순서가 문제가 될 수 있는 경우는 제6장에서 설명한다.

제**5**장

플랭커 과제

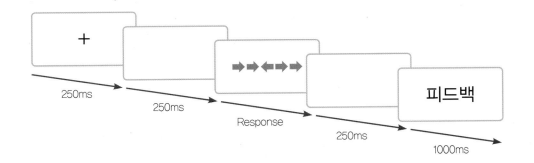

250ms

250ms

Response

250ms

1000ms

피드백

학습 내용

1. 배경 화면 색상 조정하기

2. Image 화면 제시 비율을 조정하기

3. 다른 프로그램에서 만든 루틴 복사해서 가져다 쓰기

4. 파워포인트로 지시문을 그림 파일로 만들기

함께 제시된 자극 중 미리 지정된 목표 자극의 속성에만 주의를 기울이고 주변의 방해 자극을 무시하는 '플랜커 과제(Flanker Task)'는 인지심리학, 발달심리학, 임상심리학은 물론, 다양한 응용 연구 분야에서 실행기능(executive function) 평가에 사용되고 있다. 과제에 사용되는 자극은 화살표, 꺾쇠표시, 물고기, 얼굴 정서 등 연구 목적과 참가자 대상에 따라 아주 다양하다. 맹세호, 정윤경, 권미경(2014)은 한국 아동의 수학 능력을 실행기능 발달의 측면에서 이 과제를 사용한 바 있다.

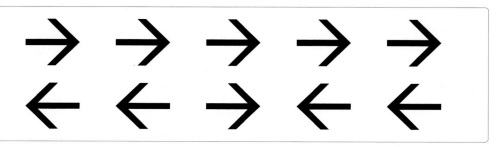

실험을 구성하는 전체 절차는 세 부분으로, 각 부분에는 목표 자극의 위치와 조건을 다르게 한 과제를 수행하도록 되어 있다. 첫째, 중앙 자극의 방향에 따라 정해진 반응 단추를 누르는 '중앙 과제', 둘째, 중앙 자극을 제외한 주변 자극의 방향에 따라 정해진 반응 단추를 누

르는 '주변 과제', 셋째, 자극의 종류에 따라 중앙 자극 또는 주변 자극의 방향에 따라 정해진 반응 단추를 누르는 '혼합 과제'로 구성되어 있다.

1. 화면에 화살표 제시하기

처음에 설명한 것처럼 플랭커 과제는 다양한 종류의 자극을 사용할 수 있다. 여기서는 화살표를 이용하여 실험 프로그램을 구성하려고 한다. 화살표는 인터넷에서 특수문자로서 찾아볼 수 있는데, "Unicode 21E6"이라고 찾으면, 다음과 같은 화살표가 나온다. ⇦. 다음은 "Unicode 21E8"이라고 찾으면, 다음과 같은 화살표가 나온다. ⇨. 화살표를 복사하여 다섯 개씩 짝으로 하여 플랭커 자극 세트를 만들 수 있다. 화살표가 문자로 가용하기 때문에 Text 컴포넌트를 자극 제시에 사용할 수도 있다. 이번 장에서는 컴포넌트 활용 연습을 위해서 다시 한번 Image 컴포넌트를 사용하도록 한다.

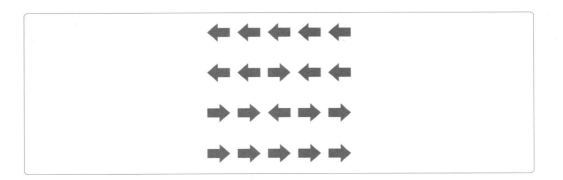

이 자극들을 이미지 파일로 만드는 작업은 파워포인트를 이용한다(제3장 참조). 파워포인트의 글상자를 이용하여 화살표 다섯 개로 구성된 자극 세트를 먼저 만들어 놓고, 화살표 색을 달리하여 파란색, 분홍색인 두 세트를 만든다. 화살표 폰트 크기는 60으로 하고, 폰트색도 두 가지로 준비한다.

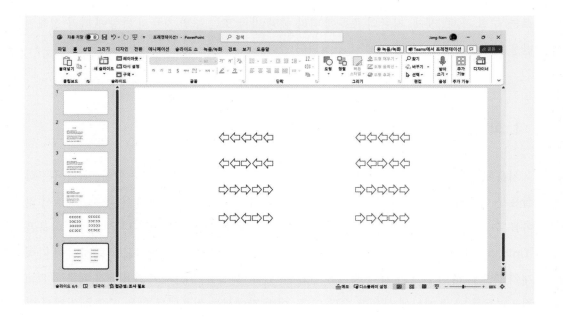

각 자극의 이름은 "Arrow + 색(blue vs pink) + 중앙 방향(cL vs cR) + 주변 방향(pL vs. pR)" 으로 작명한다. 각 자극과 PNG 형식으로 저장되는 이미지 파일의 이름은 다음 표와 같다.

	Arrow_blue_cLpL		Arrow_ pink_cLpL
	Arrow_blue_cLpR		Arrow_ pink_cLpR
	Arrow_blue_cRpL		Arrow_ pink_cRpL
	Arrow_blue_cRpR		Arrow_ pink_cRpR

프로그램을 위한 flanker 하위 폴더를 만든다. File → new를 선택한 후, Save as를 클릭하고, 폴더(Builder/flanker)를 만들고, 그곳에 flanker라는 이름으로 저장한다. trial 루틴에 Image 컴포넌트를 추가한다. 그리고 Image 항목에 화살표 그림 자극을 넣는다.

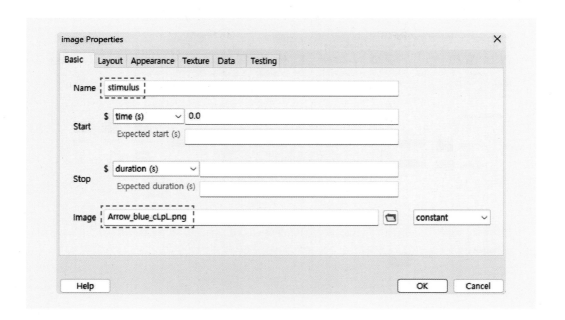

그림 크기를 조정한다. 이미지 자체는 가로 세로 2:1 정도의 비율이다. 그리고 화면에 제시되는 상태를 보고 적당한 크기로 조절할 필요도 있다.

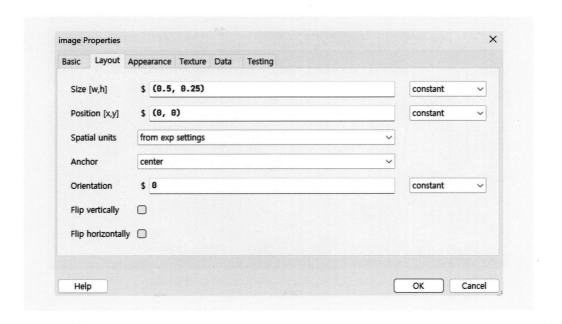

Keyboard 컴포넌트는 기본값을 건드리지 않고 OK를 클릭한다.

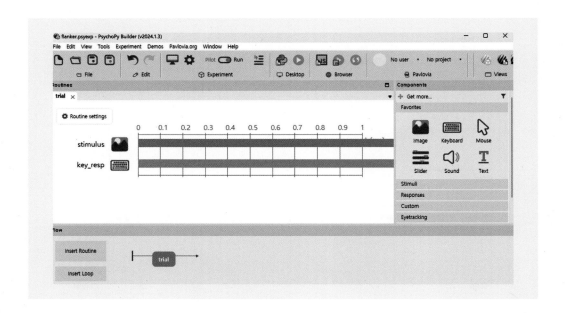

실행 아이콘을 클릭하여 프로그램을 실행해 본다.

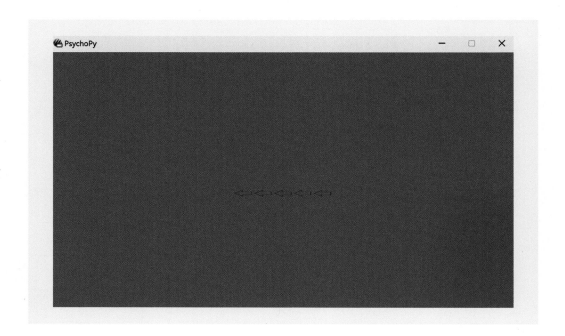

화살표 다섯 개가 보인다. 그런데 바탕화면의 색이 회색이어서 화살표의 색이 잘 구분되지 않는다. 이런 자극 제시 상황도 실험 실행 자체에 문제는 없지만, 화살표가 잘 보이도록 바탕화면을 흰색으로 바꿔 주는 방법을 알아보도록 하자.

톱니바퀴 icon을 눌러 screen 기본값 Color를 [1, 1, 1]로 바꿔 본다. [1, 1, 1]은 [Red, Green, Blue]의 각 값을 의미하는 것이고, 세 값이 같으면 무채색이 되는데, 각 값이 최대값 1이 되면 흰색이 된다. PsychoPy가 사용하는 색에 관한 설명은 부록 E에 있다.

실행을 하면 흰색 바탕화면에 자극의 색이 제대로 지각된다.

다음은 화면에 제시되는 화살표가 플랭커 과제에 사용되는 네 개의 자극이 되도록 조건 파일을 만든다.

엑셀 프로그램을 실행시키고, 새로 만들기에서 "새 통합 문서"를 선택한다.

파워포인트를 이용하여 만든 화살표 자극의 이름을 사용하고, 그림과 같은 조건 파일을 만들어, 이번 장의 제일 처음에 만들었던 폴더(flanker)에 "arrow_blue.xlsx"라고 저장한다. compatible은 실험을 실행한 후 얻은 자료를 분석할 때 자극의 일치/불일치 속성을 쉽게 적용할 수 있도록 넣어 둔 것이다. 실험 실행에는 관여하지 않기 때문에 이 항목이 없어도 Builder로 작성한 프로그램은 문제없이 잘 작동한다. 자극에 대한 Header 이름을 stimulus라고 하지 않고 군이 stim_item이라고 다르게 쓴 이유는 Builder에서 사용된 컴포넌트 이름과 겹쳐서는 안 되기 때문이다. 만일 서로 다른 역할을 담당하는 컴포넌트 또는 변수가 같은 이름으로 한 실험 프로그램 내에 있으면 에러가 발생한다. 프로그램을 작성하는 중에도 붉은 글씨로 가능한 오류를 지적해 준다.

	A	B	C	D	E
1	stim_item	corrAns	compatible		
2	Arrow_blue_cLpL.png	z	1		
3	Arrow_blue_cRpL.png	slash	0		
4	Arrow_blue_cLpR.png	z	0		
5	Arrow_blue_cRpR.png	slash	1		
6					

조건 파일을 연결하기 전에 trial 루틴의 구조와 내용을 다음 설명을 참고하면서 수정/보완한다.

① Text 컴포넌트로 초점을 삽입한다. 노출시간은 0.25초, 초점 크기(Letter height)는 0.15로 한다.

② Sound 컴포넌트로 경고음을 삽입한다. 지속시간은 초점과 같게 0.25초로 한다.

③ stimulus (Text) 컴포넌트의 작동시간을 0.5초로 변경한다. Image는 $stim_item로 대치한다. Set every repeat로 바꾼다.

④ key_resp (Keyboard) 컴포넌트 작동시간을 stimulus 작동시간과 일치시켜 0.5초로 변경한다. 가용한 키를 'z'와 'slash'로 바꾼다. Data 부분도 수정한다.

초점 Text 컴포넌트 준비와 수정 사항이다.

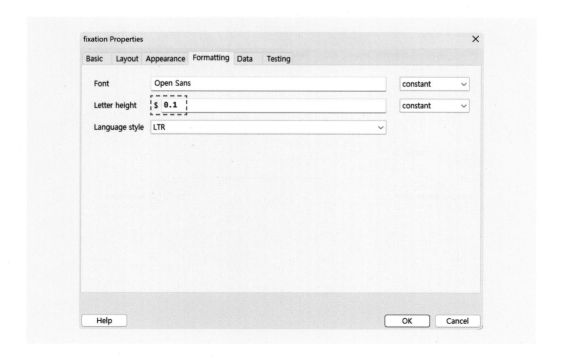

경고음 warning 사운드 컴포넌트의 수정 사항이다.

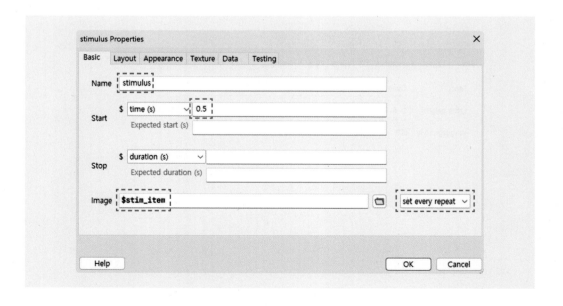

stimulus 이미지 컴포넌트의 수정 사항이다.

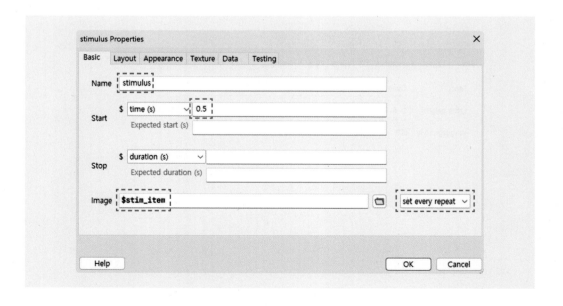

key_resp 컴포넌트의 수정 사항이다.

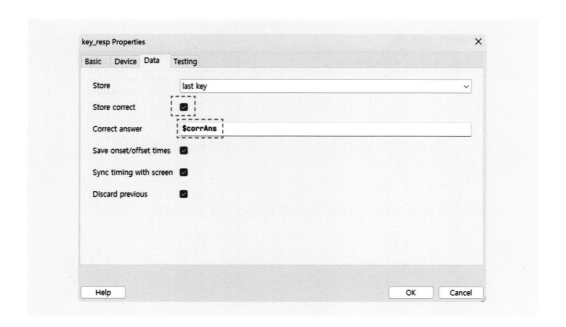

Flow 구획에서 Insert Loop를 클릭한다. Loop는 Loop 안에 어떤 Routine들이 포함될 것인지를 결정하는 부분이 핵심적이다. 여기서는 Routine이 trial 하나밖에 없으므로 이것만 포함되도록 한다.

Conditions 옆의 폴더 아이콘을 눌러, 앞서서 저장한 Excel file을 찾는다. 만일 Excel file을 다른 폴더에 저장했다면, Excel 조건 파일이 보이지 않는다. 작업을 멈추고 지금이 바로 "flanker_cond.xlsx" 파일을 flanker.psyexp 프로그램이 있는 폴더로 옮긴다. 파일 탐색기에서 작업을 끝낸 후, Loop 속성창의 내용을 다음과 같이 바꾼다.

OK를 클릭해서 빠져나오도록 한다. Flow 구획이 다음과 같이 바뀌어 있다.

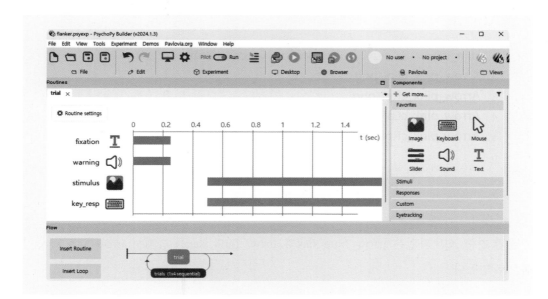

실행 아이콘 ▶ 을 클릭하여 프로그램 실행을 한다. 조건 파일의 순서대로 자극이 제시되는지 확인한다.

화면에 화살표 자극이 나타나고, 이때 'z', '/' 키를 눌러 보면 화면이 바뀌면서 자극이 한 번 씩, 모두 네 번 나타난다. 나타나는 순서는 Loop 속성창에서 loopType을 sequential로 변경했기 때문에 순서대로 나타난다.

2. 전체 과제 완성하기

플랭커 과제는 자극의 방향을 판단해야 하지만, 핵심적인 요인으로 단서 수준에 따라 특정한 자극, 즉 중앙 화살표 또는 주변 화살표를 기준으로 판단해야 하는지 달라진다. 예를 들어, 화살표가 파란색이면 중앙 화살표의 방향이 판단 기준이 되고, 분홍색이면 주변 화살표가 판단의 기준이 되는 것이다.

일반적인 플랭커 과제 구성과 동일하게, 세 가지의 과제를 위한 조건 파일을 만들어 준다. 중앙 기준 조건 파일은 arrow_blue.xlsx로 이미 준비되었다. 주변 기준 조건 파일은 arrow_pink.xlsx로 만든다. corrAns Header의 반응키가 중심 · 주변 방향이 서로 다른 자극에서 바뀌어 있다.

	A	B	C	D	E
1	stim_item	corrAns	compatible		
2	Arrow_pink_cLpL.png	z	1		
3	Arrow_pink_cRpL.png	z	0		
4	Arrow_pink_cLpR.png	slash	0		
5	Arrow_pink_cRpR.png	slash	1		
6					

Sheet1   +

혼합 기준 조건 파일은 arrow_blue.xlsx와 arrow_pink.xlsx를 합쳐서 arrow_mix.xlsx 이름으로 만든다.

	A	B	C	D	E
1	stim_item	corrAns	compatible		
2	Arrow_blue_cLpL.png	z	1		
3	Arrow_blue_cRpL.png	slash	0		
4	Arrow_blue_cLpR.png	z	0		
5	Arrow_blue_cRpR.png	slash	1		
6	Arrow_pink_cLpL.png	z	1		
7	Arrow_pink_cRpL.png	z	0		
8	Arrow_pink_cLpR.png	slash	0		
9	Arrow_pink_cRpR.png	slash	1		
10					

Sheet1   +

지시문을 넣을 Text 컴포넌트를 추가한다.

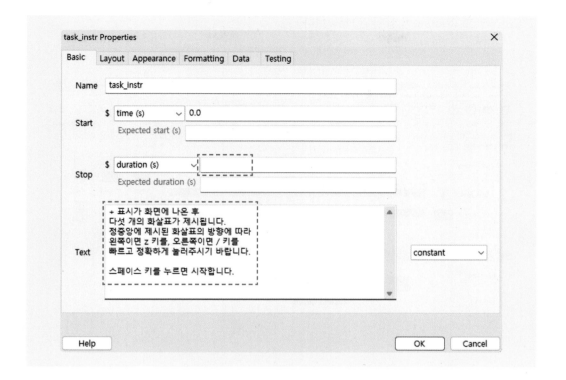

그리고 지시문을 읽고 난 후 스페이스 반응을 받을 Keyboard 컴포넌트를 추가한다.

Instruction Routine이 삽입된 Flow이다.

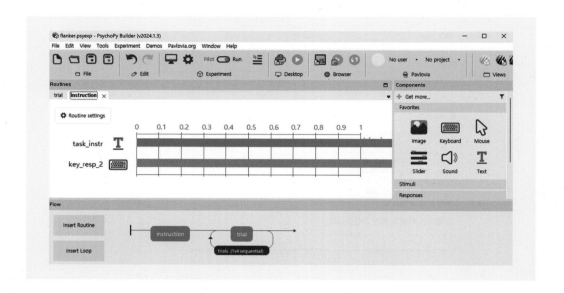

정확 반응이 있는 과제이기 때문에 피드백을 주는 Routine을 넣어 준다. Feedback Routine을 기존에 만들어 두었던 것이 있다면 재활용할 수 있다. 거리 효과 과제에서 만든 피드백 루틴을 다음과 같은 절차로 재활용을 한다.

① Builder 창에서 New를 선택하여 새 창을 연다.

② Open을 하고 거리 효과 실험 프로그램(moyer1973.psyexp)을 선택하여 불러온다. 만일 새 창을 열지 않고 거리 효과 실험 프로그램(moyer1973.psyexp)을 Open으로 직접 불러오면, 현재 작성 중인 프로그램이 닫히므로 절차를 제대로 수행할 수 없다.

③ Routines 파트의 Feedback 탭을 선택한 상태에서

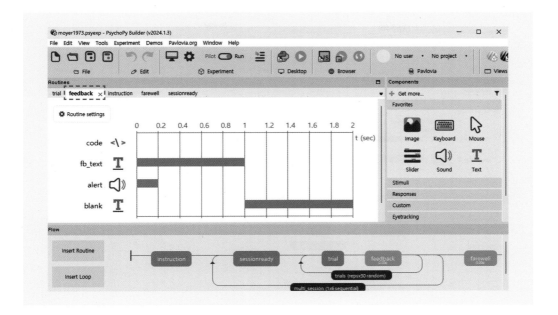

④ Experiment menu에서 Copy Routine을 선택한다.

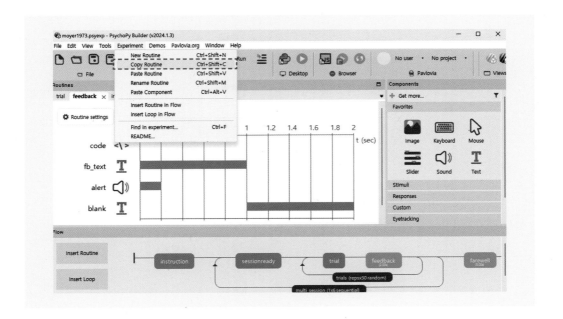

⑤ flanker Builder file로 되돌아와서 Experiment menu에서 Paste Routine을 선택한다.

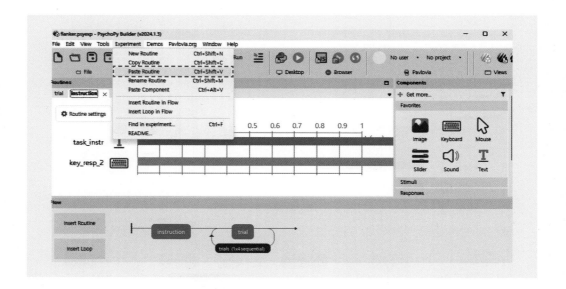

⑥ 팝업창에서 이름을 따로 넣지 않아도 확인을 누르면 feedback 이름의 탭이 형성된다. 이름을 따로 넣지 않고 확인을 눌러 feedback 이름의 루틴이 재사용되도록 하는 것이 이후의 여러 프로그램을 작성하면서 일관성을 유지하는 데 좋다.

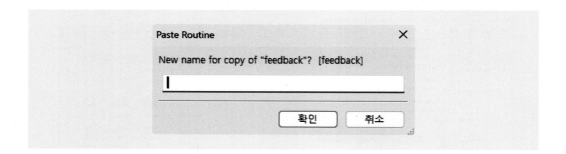

⑦ Insert Routine을 클릭하여 feedback을 선택한다.

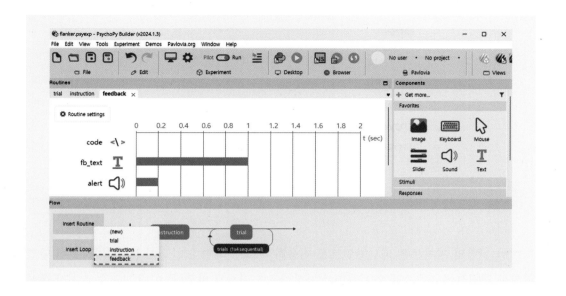

⑧ trial 루틴 다음에 feedback 루틴이 자리하도록 위치를 선택한다.

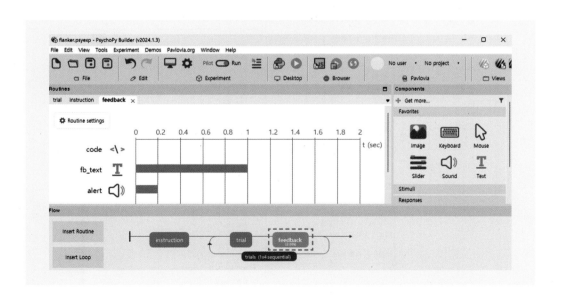

trial 루틴 내의 반응 컴포넌트의 이름이 key_resp이면 feedback 루틴은 문제없이 작동된다. feedback 루틴 내의 Code에서 변수 key_resp.corr의 내용을 확인하기 때문이다.

이중 루프를 사용하여 세 개의 조건 파일을 순서대로 사용하도록 연결시킨다.

meta_conditions.xlsx 파일에는 cond_file, inst_task라는 Header를 만든다.

	A	B	C	D
1	cond_file	inst_task		
2	arrow_blue.xlsx	task_blue.png		
3	arrow_pink.xlsx	task_pink.png		
4	arrow_mix.xlsx	task_mix.png		
5				
6				

이번 실험의 지시문은 파워포인트를 이용하여 그림 파일로 만들어 본다. 지시문이 담긴 글상자 경계선에 마우스를 가져가면 십자화살표 모양으로 바뀐다. 이때 그림으로 저장 옵션을 눌러 task_blue.png로 저장한다. 저장 위치는 실험 프로그램이 있는 위치와 같게 한다.

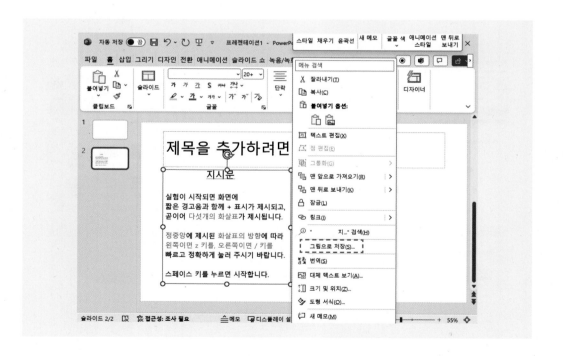

주변 화살표의 방향에 따라 반응을 하라는 주변 조건의 지시문으로 변경하여 task_pink.png로 저장한다.

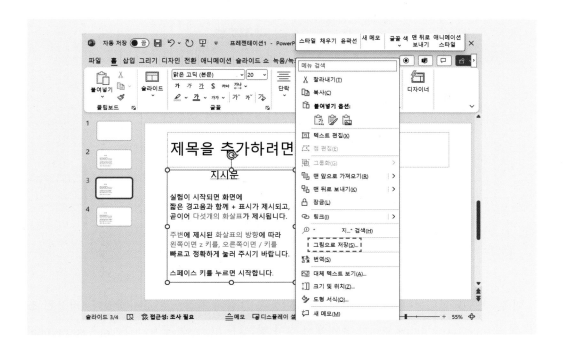

세 번째 과제는 혼합 과제이다. 화살표 색상에 따라 기준이 달라진다. 파란색은 중앙 화살표를 기준으로, 분홍색은 주변 화살표를 기준으로 반응을 하도록 한다. 화살표의 색상에 따라 적합한 화살표 방향을 판단하도록 하는 과제를 설명하는 혼합 조건의 지시문으로 변경하여 task_mix.png로 저장한다.

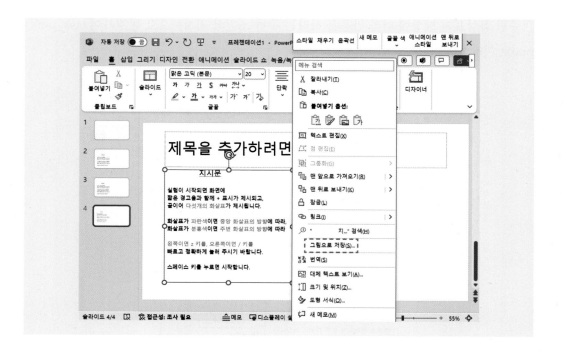

바깥 루프를 삽입한다. 루프가 감싸는 루틴들은 그림에서 점으로 표시되었다. 저장된 조건 파일 meta_conditions.xlsx를 폴더에서 찾아 넣는다. nReps는 1, loopType은 sequential로 변경한다.

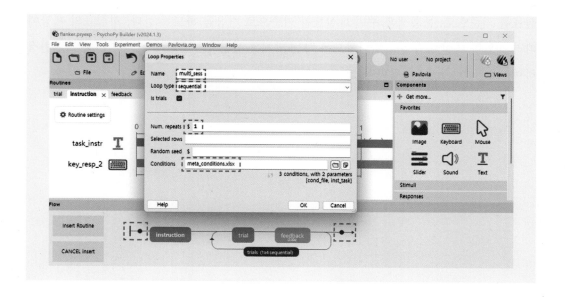

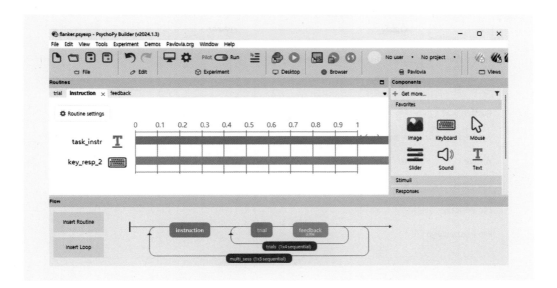

지시문이 그림 파일이므로 지시문 루틴을 변경하고, Header 이름과 연결시킨다. Text 컴포넌트 task_instr를 오른쪽 마우스 클릭하면 옵션이 나오는데 제거(remove)를 선택한다. 대신 Image 컴포넌트를 추가한다. Image 컴포넌트의 기본 크기는 (0.5, 0.5)다. 세로 길이의 절반이고, 그 길이와 같은 가로 길이라는 뜻이다. 기본 크기로 하면 지시문이 작아 보인다. 크기를 (0.8, 0.8)로 변경한다.

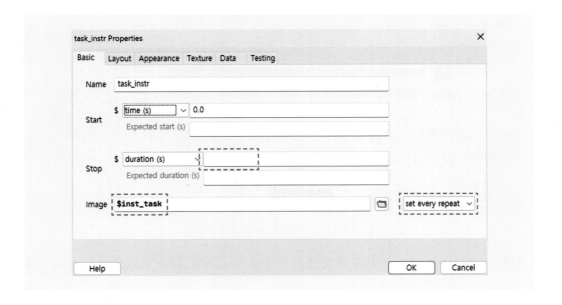

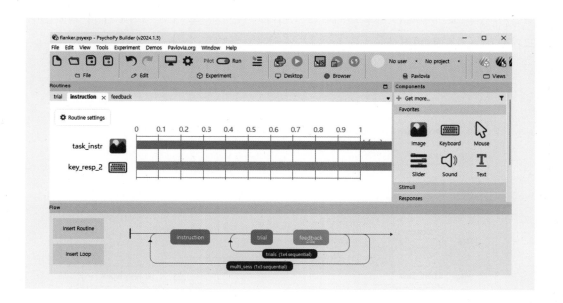

Image와 Keyboard 컴포넌트의 위치를 수정해 준다.

안쪽 루프의 조건 파일을 바깥 루프 조건 파일의 Header인 cond_file로 $와 함께 입력하여 연결한다.

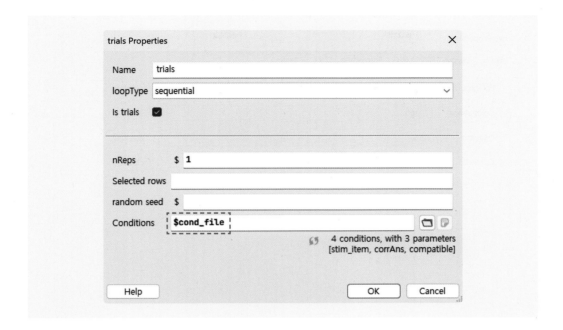

farewell Routine을 다른 프로그램에서 복사해서 삽입한다(124~127쪽 설명 참조).

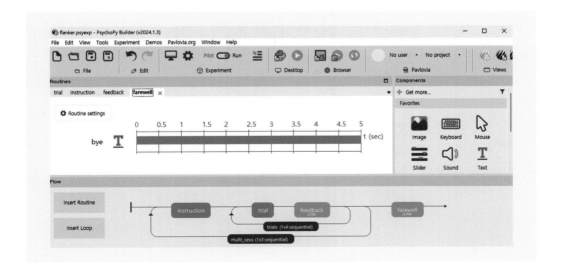

Text의 내용을 바꿀 것은 없지만, 화면 바탕색이 흰색이므로 글자색은 black으로 바꿔 준다.

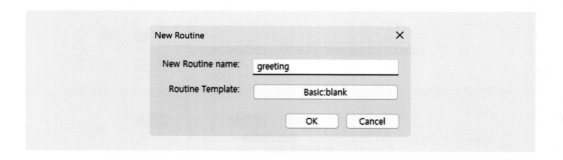

마지막으로 실험 참가자가 방문했을 때 실험에 참여해 주셔서 감사하다는 인사를 하는 greeting 루틴을 추가한다.

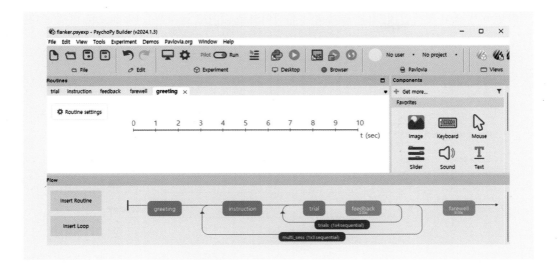

Text 컴포넌트와 Keyboard 컴포넌트를 추가한다. Keyboard 컴포넌트는 기본 옵션으로 수정 없이 추가한다.

화면 바탕색이 흰색인데, 기본 글자색이 흰색이므로 여기도 글자색을 black으로 바꿔 준다.

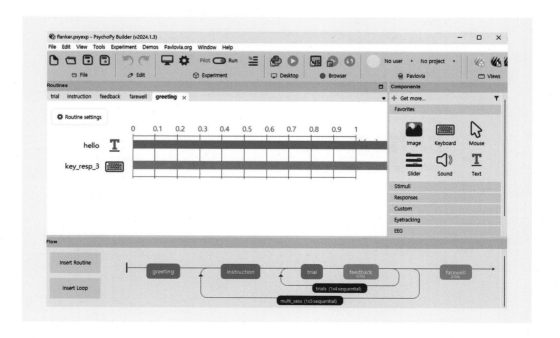

이로써 전체 플랭커 과제를 완성하였다. 지금까지의 과제로 주변(중심) 화살표의 방향이 중심(주변) 화살표의 방향을 판단하는 데 얼마나 방해를 하는지는 일치 자극과 불일치 자극 각각에 대한 반응 시간을 비교하여 알아볼 수 있으며 화살표 색이 지시하는 대로 중심 또는 주변 화살표로 주의를 전환하면서 과제를 정확하고 빠르게 수행하는지는 세션 내 평균 반응 시간의 차이로 알아낼 수 있다.

실험 프로그램으로 활용하기 위해서는 각 자극 조건당 20 이상의 관찰 횟수가 되도록 안쪽 Loop의 nReps를 20으로 바꾸어 입력한다. 또한 프로그램 작성 중 편의를 위해 안쪽 Loop는 loopType을 sequential로 했던 것을 random으로 바꾼다. 그러나 바깥 Loop는 여전히 loopType을 sequential를 바꾸지 않고 놔둔다. Flanker 과제는 중앙 자극 조건의 수행을 기저 수행으로 삼아, 다른 조건의 수행과 비교하게 된다. 따라서 조건별 수행 순서가 고정되어 있다.

플랭커 과제에 대한 자료 분석 방법은 제14장에 소개되었다.

제**6**장

전체-국소 선행성 과제

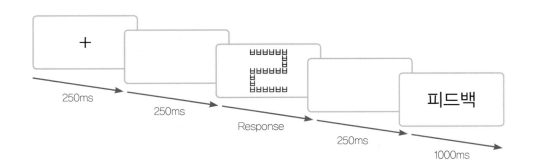

250ms

250ms

Response

250ms

1000ms

학습 내용

1. 플랭커 과제를 전체-국소 선행성 과제로 변형하기

2. 참가자 정보 입력 형식을 바꾸기

3. 입력된 참가자 정보를 실험 실행 조건으로 사용하기

  Navon의 1977년 연구는 전체 선행성(global precedence) 연구를 촉발하였다. 국내에서는 박창호의 연구를 대표적이라고 할 수 있는데, 이 연구에서 사용된 실험 자극을 이번 장의 실험 작성에 사용한다.

  기본시행의 골격을 구성하자면,

① 초점으로 사용할 + 자극은 Text 컴포넌트를 사용한다. 기본으로 0.25초 제시한다.

② 시행 시작을 알리는 알람 소리를 Sound 컴포넌트로 제공한다. 기본으로 0.25초 제시한다.

③ 0.25초 동안 빈 화면을 제시한다.

④ 복합 낱자 자극 이미지를 활용하여 제시한다.

⑤ 반응에 대한 피드백을 제공한다.

⑥ 시행 반복 루프를 삽입한다.

⑦ 이중 루프 중 바깥 루프는 어떤 기준(전체 vs. 국소)으로 반응할지 알려 주는 안쪽 루프 조건 파일을 제공한다.

  이와 같은 기본 골격은 앞장에서 제작한 플랭커 과제의 trial 루틴과 동일하다. 플랭커 과제 프로그램을 재활용하여 본 과제를 완성해 보자.

  우선 필요한 자극 이미지와 조건 파일을 만들어 둔다.

  자극은 이미지 컴포넌트를 사용할 것인데 다음과 같이 그림 파일을 만들어 준비한다.

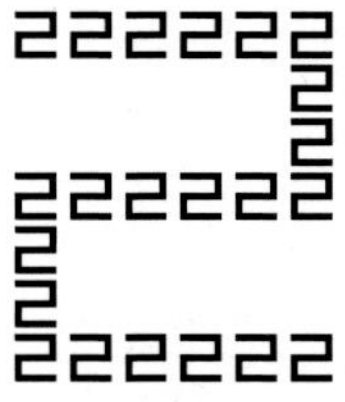

navon00.png	 navon01.png	 navon10.png	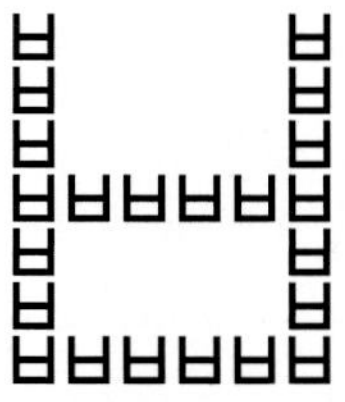 navon11.png

  혹은 파워포인트에서 글상자를 이용하여 다음 그림과 같이 자극을 만들고 그림으로 저장을 할 수도 있을 것이다.

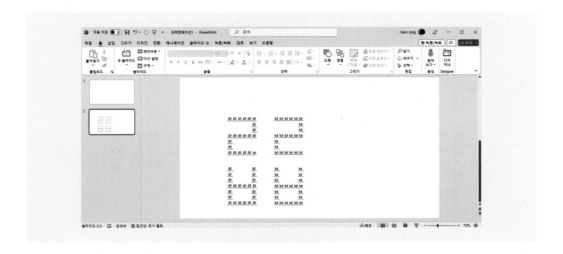

자극은 'ㅂ'과 'ㄹ'로 구성되었으며, 1 & 2 vs. 3 & 4는 전체 수준에서 'ㄹ'과 'ㅂ'으로, 1 & 3 vs. 2 & 4는 국소 수준에서 'ㄹ'과 'ㅂ'으로 구분된다. 그림 파일 형식은 png로 되어 있지만 PsychoPy는 거의 대부분의 그림파일 형식을 구분 없이 잘 받아들인다.

지시문은 Powerpoint를 이용해서 만든다.

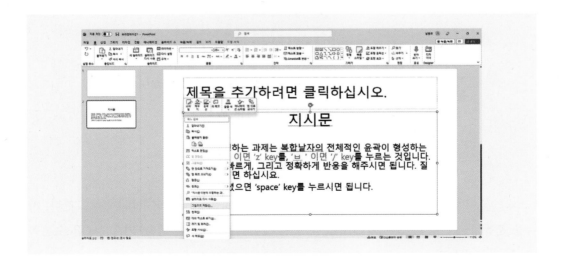

지시문을 작성한 후 "그림으로 저장"을 선택하여 instruction_global.png로 저장한다.

지시문

이번에 수행하는 과제는 복합낱자의 전체적인 윤곽이 형성하는 낱자가 'ㄹ' 이면 'z' key를, 'ㅂ' 이면 '/' key를 누르는 것입니다. 가능한 한 빠르게, 그리고 정확하게 반응을 해주시면 됩니다. 질문이 있으시면 하십시요.
　준비가 되셨으면 'space' key를 누르시면 됩니다.

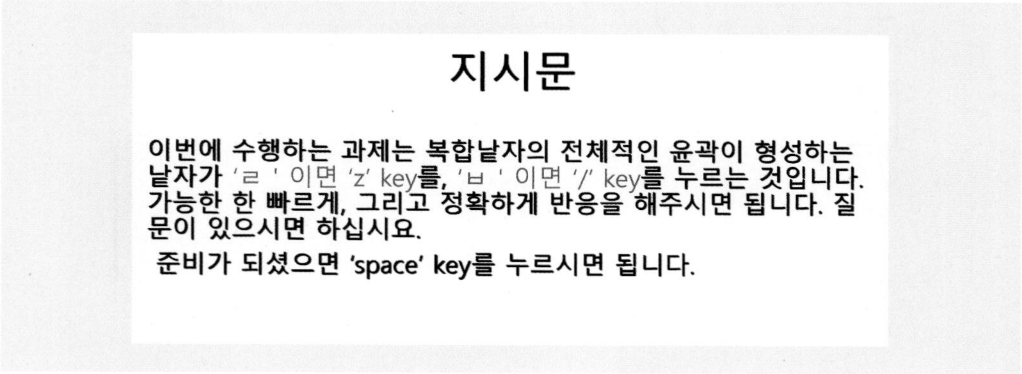

반응 차원을 국소 차원으로 하라고 수정한 후 "그림으로 저장"을 선택하여 instruction_local.png로 저장한다.

지시문

이번에 수행하는 과제는 복합낱자의 작은 낱자가
'ㄹ' 이면 'z' key를, 'ㅂ' 이면 '/' key를 누르는 것입니다.
가능한 한 빠르게, 그리고 정확하게 반응을 해주시면 됩니다. 질문이 있으시면 하십시요.
　준비가 되셨으면 'space' key를 누르시면 됩니다.

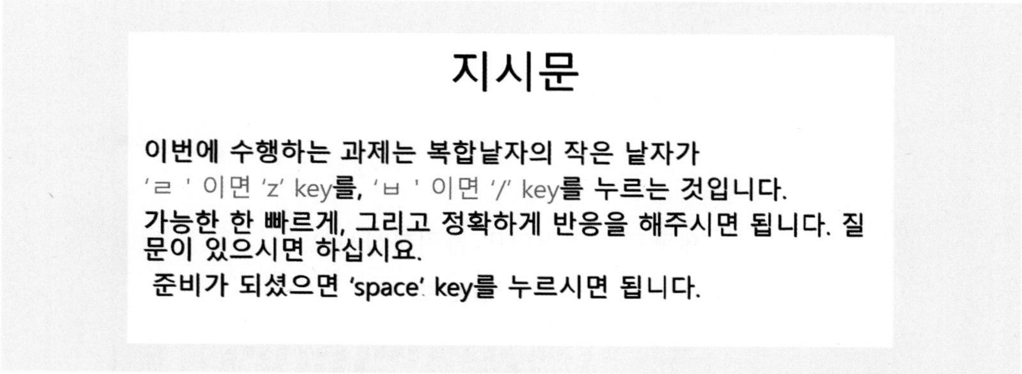

Excel을 이용하여 다음 그림과 같은 파일을 만들고, 이름은 navonGlobal.xlsx로 한다. 자극을 분류하는 반응은 전체 형태 수준에서 할 것이므로 'ㄹ'은 왼쪽 'z' 키로, 'ㅂ'은 오른쪽 'slash' 키로 받는다.

	A	B	C	D
1	stim_item	corrAns	compatible	
2	navon00.png	z	1	
3	navon01.png	z	0	
4	navon10.png	slash	0	
5	navon11.png	slash	1	
6				

Sheet1 +

국소 차원으로 반응을 하는 조건 파일은 navonLocal.xlsx로 만든다. 'corrAns' 부분만 달라져 있다.

	A	B	C	D
1	stim_item	corrAns	compatible	
2	navon00.png	z	1	
3	navon01.png	slash	0	
4	navon10.png	z	0	
5	navon11.png	slash	1	

Sheet1 +

바깥 루프를 위한 meta_conditions.xlsx 파일도 준비한다.

Flanker 과제에서는 각 반응 조건의 세션을 순서대로 진행하였다. 그런데 선행성 과제는 두 반응조건의 세션을 어떤 순서로 진행하느냐에 따라 순서 효과가 과제 수행에 영향을 미칠 수 있다. 연습 효과(practice effect), 피로 효과(fatigue effect)를 통칭하여 이월 효과(carryover effect)라고 한다. 이 효과를 상쇄하기 위하여 사용하는 설계 방법이 ABBA 역균형화 설계다. 환언하면 trials 루프에서 지정하는 condition file은 "navonGlobal.xlsx"와 "navonLocal.xlsx"이다. 이 두 condition file 중 어느 것을 넣어 주느냐에 따라 전체 차원 반응과 국소 차원 반응을 요구하는 session이 진행된다. 그러면 특정 세션에서 진행해야 할

condition file을 지정해 주는 meta condition file을 ABBA의 순서로 만들고, 이를 구동하는 바깥 루프를 넣어 준다. Global-Local-Local-Global 순서로 시행하는 glorder.xlsx, 그리고 Local-Global-Global-Local 순서로 시행하는 lgorder.xlsx의 두 메타 조건 Excel 파일을 만든다.

	A	B	C
1	cond_file	criterion	
2	navonGlobal.xlsx	instruction_global.png	
3	navonLocal.xlsx	instruction_local.png	
4	navonLocal.xlsx	instruction_local.png	
5	navonGlobal.xlsx	instruction_global.png	
6			

	A	B	C
1	cond_file	criterion	
2	navonLocal.xlsx	instruction_local.png	
3	navonGlobal.xlsx	instruction_global.png	
4	navonGlobal.xlsx	instruction_global.png	
5	navonLocal.xlsx	instruction_local.png	
6			

meta-condition file의 cond_file Header에는 진행해야 할 condition file과 그에 맞는 지시문을 보여 줄 criterion이 있다.

그러면 앞장에서 사용했던 자극, 조건 파일, 메타 조건 파일을 지금 준비한 파일과 비교하겠다.

표 6-1 플랭커 과제 실험과 전체·국소 선행성 실험 과제 비교

	플랭커 과제	전체 · 국소 선행성
Stim_item에 배정되는 자극 그림 파일	Arrow_ 색 _cLpL.png	navon00.png
	Arrow_ 색 _cRpL.png	navon10.png
	Arrow_ 색 _cLpR.png	navon01.png
	Arrow_ 색 _cRpR.png	navon11.png
instruction에 배정되는 지시문 그림 파일	Task_blue.png	Instruction_global.png
	Task_pink.png	Instruction_local.png
	Task_mix.png	
안쪽 루프 조건 파일	arrow_blue.xlsx	navonGlobal.xlsx
	arrow_pink.xlsx	navonLocal.xlsx
	arrow_mix.xlsx	
바깥 루프 조건 파일	condOrder.xlsx	glorder.xlsx
		lgorder.xlsx

Flanker 과제는 세 종류의 과제가 있고, 이를 위해서 세 종류의 조건 파일과 지시문 이미지가 있다. Global_Local 선행성 과제는 두 종류의 과제가 있고, 이를 위해서 두 종류의 조건 파일과 지시문 이미지가 있다.

플랭커 과제를 Open한 다음, Builder 메뉴의 File → Save As를 선택하고 Navon이라는 이름으로 새로 폴더를 만들고, 그 폴더에 gl_precedence 이름으로 저장한다.

안쪽 루프에 사용될 조건 파일의 Header 이름은 두 실험 모두 stim_item, corrAns, compatible로 같게 해서 만들었으므로 trial 루틴에 있는 컴포넌트 항목에서 Header와 관련해서 바꿀 것이 없지만, 제시되는 자극의 그림 크기가 다르므로 Size[w, h] 항목만 바꾼다.

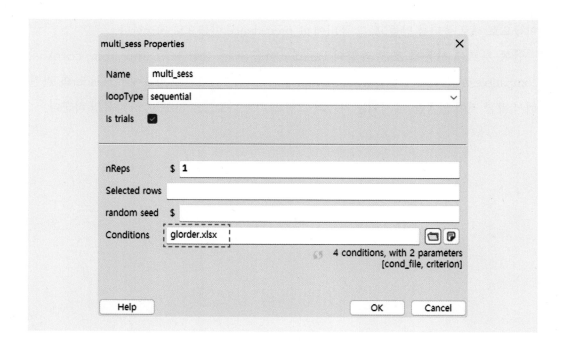

바깥 루프에 사용될 조건 파일의 Header 이름도 cond_file, inst_task로 같으므로 변경할 필요가 없다. 또한 안쪽 루프의 조건 파일은 이미 조건 파일을 변수($cond_file)로 받기 때문에 변경할 내용이 없다.

바깥쪽 루프의 조건 파일을 glorder.xlsx로 불러들인다.

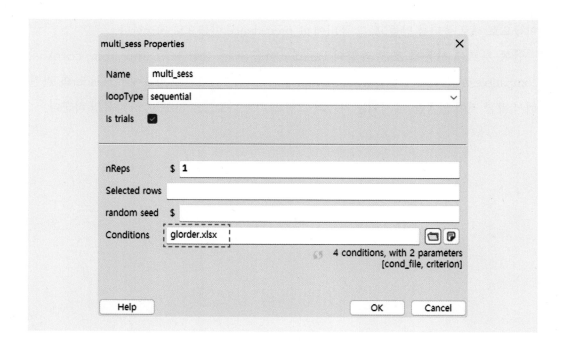

이제 실행을 해 보면 Global–Local–Local–Global 조건 파일 순서대로 나온다.

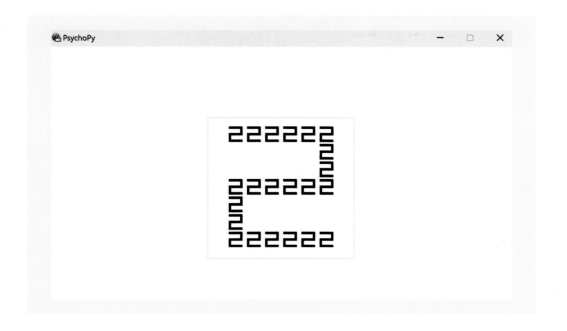

마지막으로 참가자마다 반응 순서가 두 가지 있다. 즉, GLLG 순서와 LGGL 순서다. 그렇다고 매번 프로그램 실행 전에 meta-condition file을 바꿔 줄 수는 없다. 우리는 역균형화된 meta-condition file을 두 가지로 준비해 두었다. 이를 참가자마다 선택해서 쓰는 방법이 있다. 참가자 정보 입력 항목을 추가하고 이를 프로그램에서 이용하는 것이다. 참가자 정보 입력 창은 톱니바퀴 설정 아이콘을 누르면 Basic 탭에서 바꿀 수 있다. Experiment Info에 있는 정보가 바로 그것이다. +를 누르면, 아래쪽에 새로운 field가 생기는데, 왼쪽 란에 'order'라고 입력하고 오른쪽에는 Python의 List 형식으로 삽입한다. 즉, 각진 괄호를 써서 ['glorder.xlsx', 'lgorder.xlsx'] 라고 넣는다.

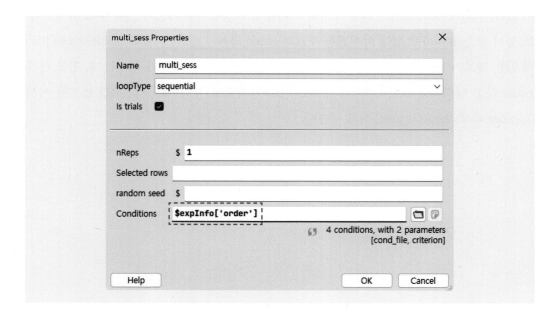

그리고 선택한 meta-condition file을 외곽 multi_sess Loop의 Condition에 다음과 같이 넣는다. 즉, expInfo['order']. 꺾쇠 안의 'order'는 설정에서 추가했던 Experiment info의 'order'와 이름을 맞춰 준다.

드디어 완성되었다.

프로그램을 실행하면 참가자 정보 팝업 창에서 둘 중 하나의 meta-condition file을 선택할 수 있다.

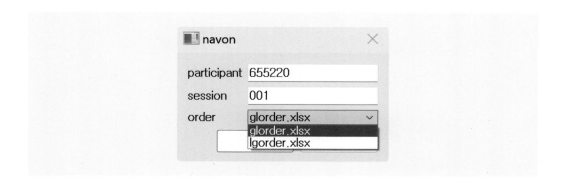

선택한 meta-condition file에 따라 실험이 진행된다. 실험자는 참가자의 실험 실행순서를 무선 배정한다. GLorder와 LGorder를 반반씩 하는데, 성별로도 짝을 맞추고, 실행하는 시간(아침, 오전, 오후)도 골고루 짝을 맞춘다.

이로써 Flanker 실험 프로그램에서 Global-Local 선행성 실험 프로그램으로의 수정이 완료되었다. 이와 같이 특정 실험 패러다임에 익숙해지면, 적절한 변형을 통해서 자신의 아이디어를 구현하는 방안을 찾을 수 있을 것이다.

제 7 장

마우스 반응의 Posner Cueing Paradigm

시행 도식

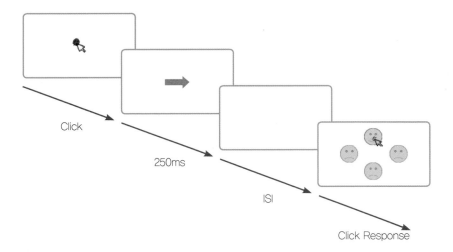

Click

250ms

ISI

Click Response

학습 내용

1. Mouse 컴포넌트로 마우스 반응 받아들이기

2. 이미지 덮어쓰기로 자극 배치 간소화하기

3. 단서와 자극 제시 사이의 간격(ISI)을 변동하는 변수로 만들기

4. 마우스 반응을 판정하는 피드백 코드로 수정하기

Posner(1980)는 주의 전환 능력을 측정할 수 있는 인지심리학 과제를 만들었다. 이 과제는 장애, 특정 뇌 손상(focal brain injury)을 측정할 수 있는 신경심리학 과제로 사용되기도 한다. 이 과제를 구현해 보도록 한다.

이 과제는 특정 목표 자극을 찾는 것인데, 단서와 타깃 자극을 제시하는 시간 간격을 조정하는 것이 중요한 점이다. 반응은 기존의 키보드 반응으로도 할 수 있지만, 마우스 반응을 받아들이는 방식을 적용하기로 한다. 그리고 실험 프로그램 작성에 집중하기 위하여 구하기 쉬운 자극으로 Microsoft PowerPoint에서 제공하는 기본 도형을 사용하도록 하겠다. 단서 자극으로는 화살표를, 목표 자극으로는 스마일 아이콘을, 비목표 자극으로는 입모양이 뒤집힌 아이콘을 사용하도록 하겠다.

다음은 파워포인트 도형에 있는 자극들이다.

기본 도형에서 스마일을 선택하여 smile.png 그림으로 저장하고, 입을 끌어올려 표정을 바꾼 후 angry.png 그림으로 저장한다. 블록 화살표 중 오른쪽 화살표를 선택하고 적절한 크기로 만든 후 rightArrow.png로 저장한다.

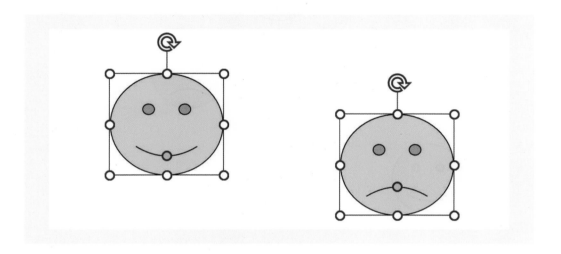

이렇게 준비한 그림 파일이다.

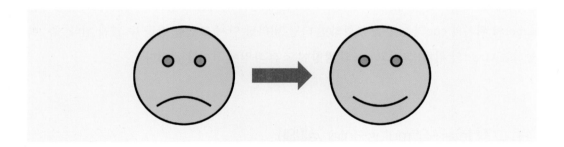

위의 도형을 다음 그림과 같이 배치하여 자극이 나올 수 있는 위치를 네 군데로 정한다. 즉, 4개의 자극 중 Noise라고 불리는 non-target을 3개, 나머지 하나를 target으로 제시하는데, target이 있는 곳으로 마우스를 움직여 클릭하는 반응을 하도록 요구한다.

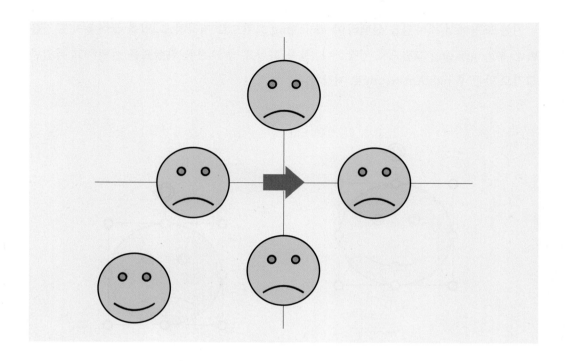

화면 구성은 noise 3개와 위치가 바뀌는 target이 하나 있어야 한다. 그런데 이렇게 생각할 수도 있다. 4개의 noise는 위치를 고정해서 항상 등장하고, target은 4군데 위치 중 하나를 택해 덮어쓰기 할 수 있다. 그러므로 noise 네 개의 위치를 고정시켜 제시하고, 변동하는 target의 위치와 cue의 방향을 조합하면 타당/비타당 단서 조건을 만들 수 있게 된다. 즉, 변동하는 target의 위치, 그리고 cue의 방향이 조건 파일에 들어갈 것이다.

1. 고정 Inter-Stimulus-Interval(ISI)

Builder 창에서 New를 선택하고, 새 이름(Save as…)으로 저장한다. 여기서는 파일 이름을 precue_Mouse라고 명명한다.

기본시행의 골격을 구성하는데,

① 시행 시작을 알리는 알람 소리를 제공하기 위해 Sound 컴포넌트를 이용한다.

② 화살표 단서를 제시하는데 Image 컴포넌트를 이용한다.

③ 아이콘 자극을 제시하는데 Image 컴포넌트를 이용한다.

④ 반응에 대한 피드백은 별도의 루틴을 만들어 제공한다.

이와 같은 순서에서 먼저 1, 2, 3이 있는 trial 루틴을 만들겠다.

제일 먼저 cue를 제시할 이미지 컴포넌트를 선택한다. 단서는 짧게 제시되지만 검사를 위해서 사라지지 않게 계속 남아 있도록 Stop 시간을 지운다.

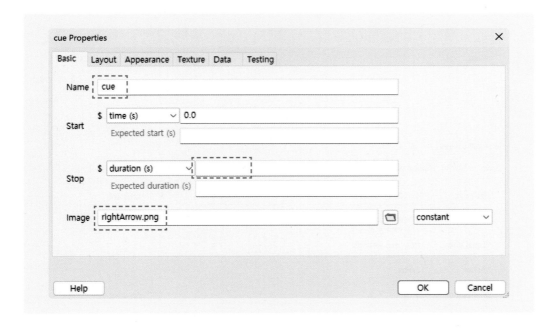

방해 자극(noise) 제시를 위한 Image 컴포넌트는 4번 반복해서 넣고, 각 컴포넌트의 Image는 angry 아이콘(angry.png), 시작 시간은 0.5초, 제시 시간은 0.25초, 위치는 중심에서 상하좌우 방향으로 0.25씩 떨어져 제시되도록 한다. 컴포넌트의 이름은 상단에서 시계방향으로 북동남서로 정하겠다. 즉, noise_n, noise_e, noise_s, noise_w이다. 대신 각 컴포넌트 Layout 탭의 Size는 (0.1, 0.1)로 통일하고, Position 항목은 각 컴포넌트의 위치에 맞게 변경한다.

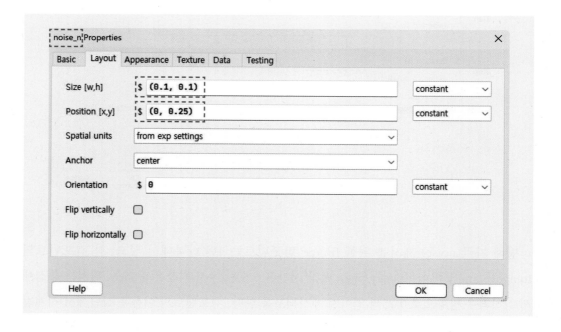

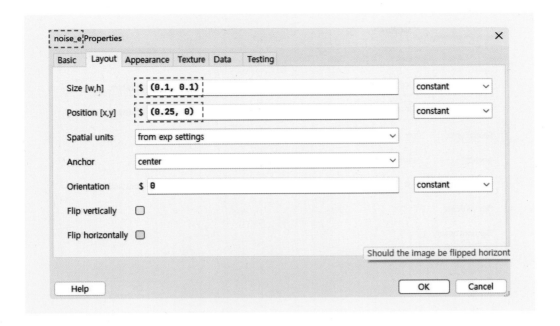

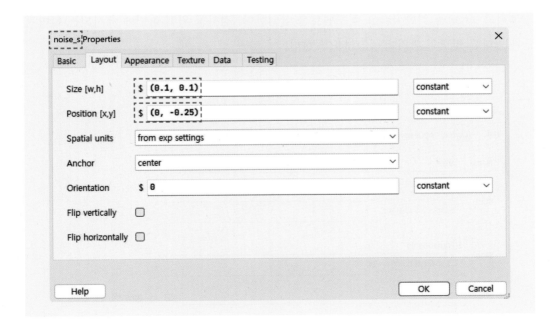

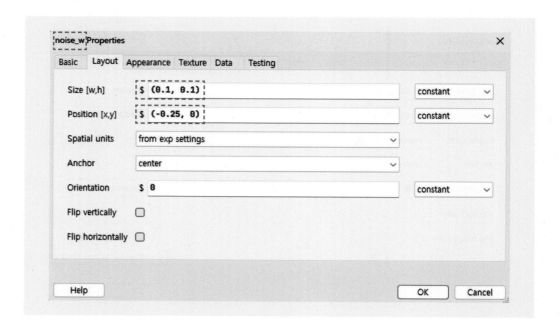

그리고 target을 위한 Image 컴포넌트를 삽입한다. 검사를 위해 화면에 제시되는 이미지들과는 다른 별도의 위치에 등장하도록 한다.

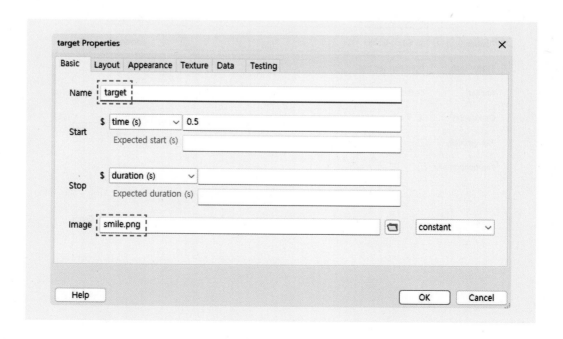

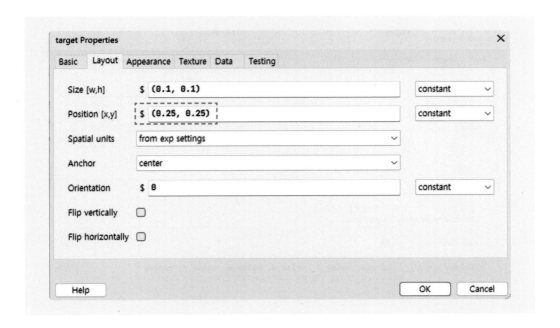

그리고 반응을 받기 위한 Mouse 컴포넌트를 삽입한다. Mouse 컴포넌트도 Keyboard 컴포넌트의 "Force end of Routine"처럼 "End Routine on press"가 있다. "never"를 선택하지 않는 이상 루틴을 끝내는 기능을 가지고 있다. 따라서 시간선에서 황토색으로 표시된다. 특정 영역에서 클릭을 해야만 루틴이 끝나도록 하기 위하여 End Routine on press를 valid click으로 바꾼다. Mouse 컴포넌트를 사용하면 마우스가 화면에 제시된 어떤 컴포넌트 영역 안에 있는지 밖에 있는지를 계속 체크하고 있다. clickable stimuli에 4개의 noise와 target 컴포넌트 이름을 정확하게 삽입한다.

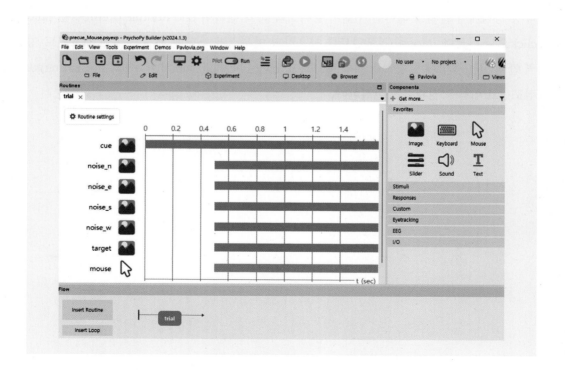

trial 루틴의 컴포넌트 구성 timeline은 다음과 같다.

이제 조건 파일을 준비한다. 일단 target의 위치를 N, E, S, W로 지칭한다고 한다. N위치에 target이 나타나면 N, E, S, W 위치를 가리키는 단서가 나타날 수 있다. 단서 타당도를 75%로 정했을 때 N: E: S: W = 9: 1: 1: 1의 비율로 제시되고, 이를 다른 위치에도 적용한다면, 모두 48 시행을 한 block으로 할 수 있다. 이에 근거하여 Excel로 condition file을 만든다.

우선 North 위치에 target이 제시되는 것으로 가정해서 condition file을 일부 완성해 보도록 한다. 이름을 precue_Mouse_cond.xlsx로 하고 다음과 같이 입력하여 저장한다.

Header인 posX, posY, cue_ori는 실험 실행에 필요한 변수로 사용되지만, validity와 cue_target은 결과 분석에 사용될 예정이다.

	A	B	C	D	E	F	G	H
1	posX	posY	cue_ori	validity	cue_taget			
2	0	0.25	-90	1	0			
3	0	0.25	-90	1	0			
4	0	0.25	-90	1	0			
5	0	0.25	-90	1	0			
6	0	0.25	-90	1	0			
7	0	0.25	-90	1	0			
8	0	0.25	-90	1	0			
9	0	0.25	-90	1	0			
10	0	0.25	-90	1	0			
11	0	0.25	0	0	1			
12	0	0.25	90	0	2			
13	0	0.25	180	0	3			
14								

Sheet1 +

target 위치는 Layout 탭에서 수정한다. $ 표시가 앞에 있으므로 별도로 $ 표시를 붙일 필요가 없다.

target Properties ✕

Basic **Layout** Appearance Texture Data Testing

Size [w,h]	$ (0.1, 0.1)	constant ⌄
Position [x,y]	$ (posX, posY)	set every repeat ⌄
Spatial units	from exp settings ⌄	
Anchor	center ⌄	
Orientation	$ 0	constant ⌄
Flip vertically	☐	
Flip horizontally	☐	

Help   OK   Cancel

단서(cue) Image 컴포넌트는 Layout 탭의 Orientation 항목에 cue_ori를 입력한다.

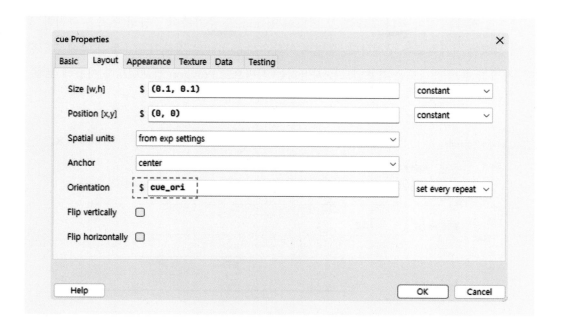

제시 시간도 0.25초로 줄인다.

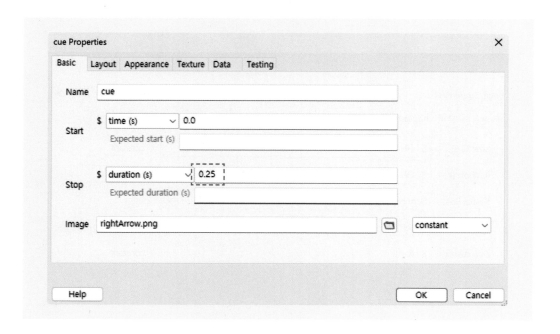

그런데 마우스가 움직인 거리를 통제하기 위하여, 마우스를 클릭하는 시점을 한 시행의

시작으로 정하는 것이 좋다. 그러므로 별도의 Routine을 추가하여 중앙의 초점을 클릭한 경우에 시행이 시작하도록 구성한다. 루틴의 이름은 Start_trial로 정하여 trial 루틴 앞에 삽입한다. 시작점 마크는 새로운 컴포넌트를 사용하는 시범으로 Polygon 컴포넌트를 사용해 보자.

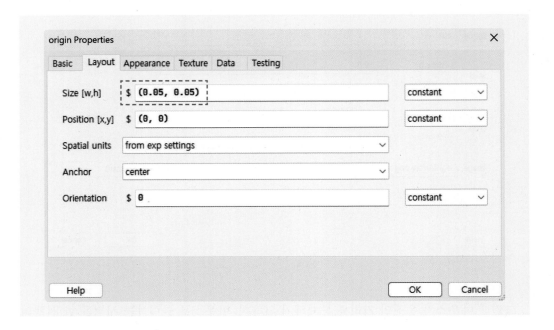

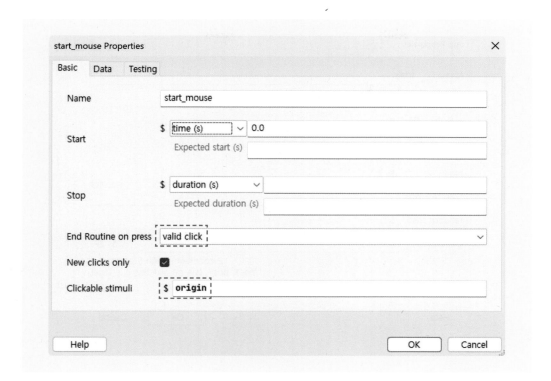

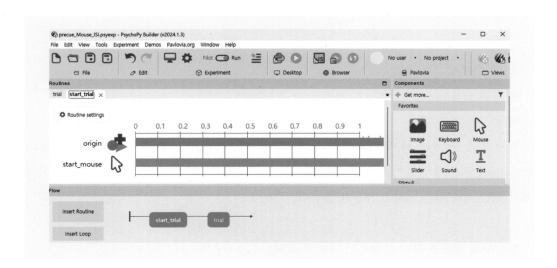

이제 Loop를 삽입하도록 한다.

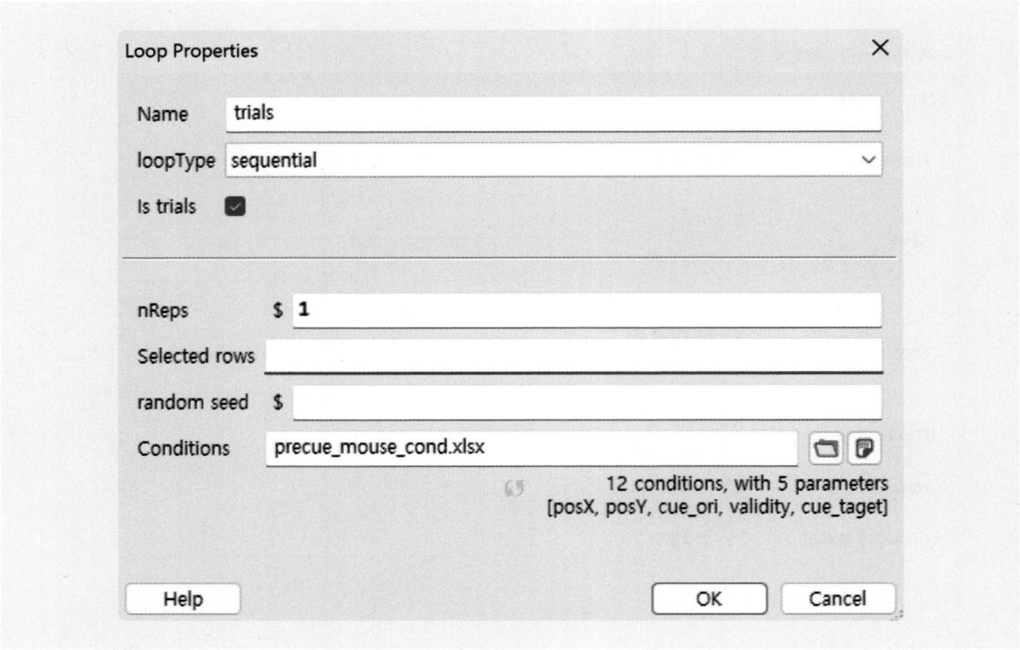

이제 추가할 Routine은

① 실험 지시문

② 실험 준비용 pause

③ 피드백

④ 실험 종료

이다.

정확 반응이 있는 과제이기 때문에 피드백을 주는 Routine을 넣어 준다. Feedback Routine을 기존에 만들어 두었던 것이 있다면 재활용한다. Global-Local Precedence 과제에서 했던 것과 같은 절차로 재활용을 한다.

간략하게 절차를 다시 설명하면 다음과 같다.

① Builder 창에서 New를 선택하여 새 창을 연다.

② Global-Local Precedence에서 사용했던 Builder file을 연다.

③ feedback Routine 탭을 선택한 상태에서

④ Experiment menu에서 Copy Routine을 선택한다.

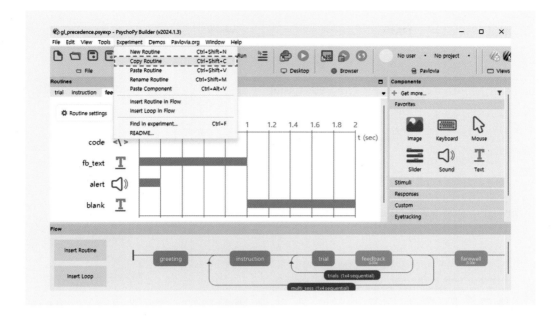

⑤ precue_Mouse Builder file로 되돌아와서

⑥ Experiment menu에서 Paste Routine을 선택한다(새로운 탭이 형성된다).

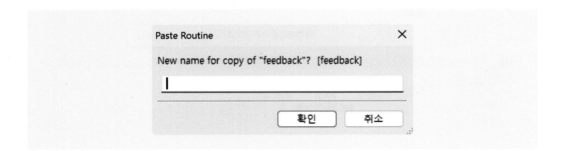

⑦ Insert Routine을 클릭하여 feedback을 선택한다.

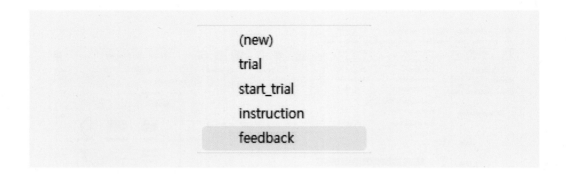

⑧ trial 다음에 feedback이 자리하도록 한다.

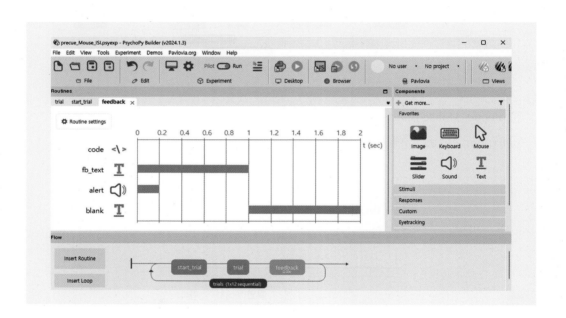

여기까지 하고, 마우스 반응을 위한 피드백에서 Begin Experiment 탭의 내용은 수정 없이 쓸 수 있으나, Begin Routine 탭의 내용은 코드 수정이 필요하다.

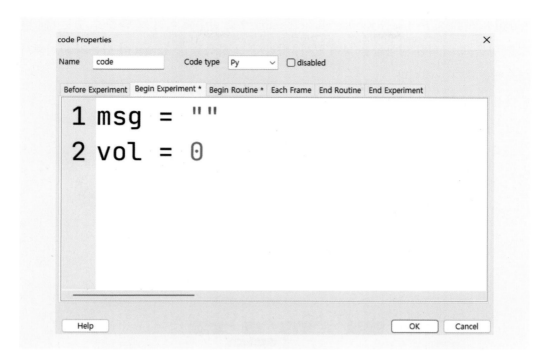

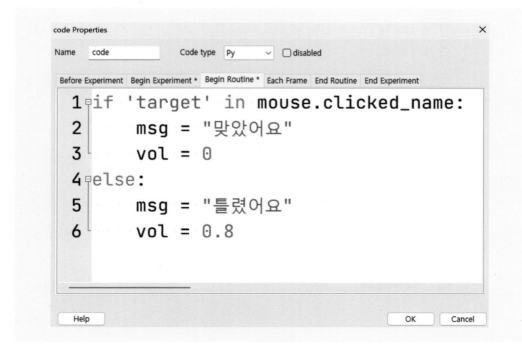

trial Routine의 Mouse는 mouse.clicked_name으로 변수를 여러 개 담을 수 있는 List 변수를 만들고, 클릭한 항목들을 넣어 둔다. 따라서 그 항목들 중 'target'이 있는지 확인해서 피드백을 준다는 것이다.

다음은 지시문 루틴을 만들어 넣는다.

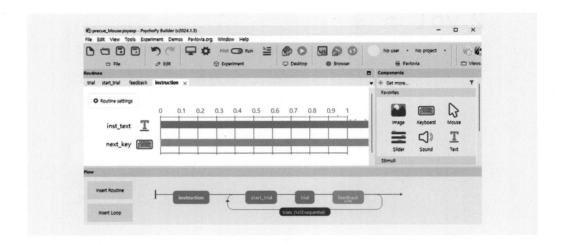

Text 컴포넌트를 사용해 다음과 같이 만든다.

키보드 컴포넌트는 기본 옵션으로 이름만 수정해서 삽입한다.

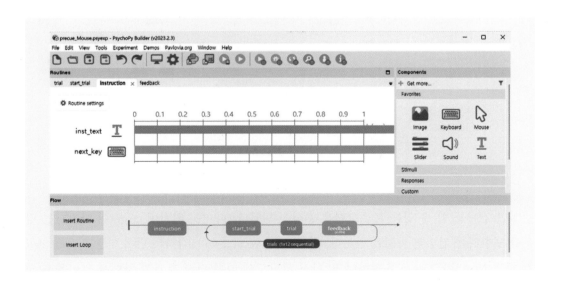

지시문 루틴 삽입 후의 Flow이다.

다음은 실험이 끝났을 때 실험이 끝났다는 것을 알려 주고 감사 인사를 하는 Routine이다. 화면이 5초간 제시된 후 자동으로 화면이 닫히고, 프로그램이 종료된다.

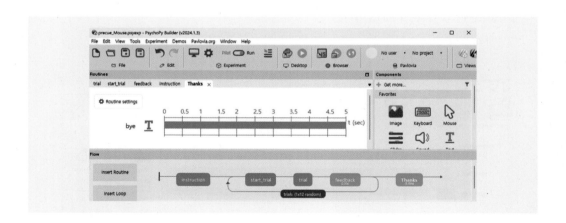

일단 검사를 할 수 있는 프로그램은 완성이 되었다. 나머지 위치에 target이 나타나는 경우를 포함하는 컨디션 파일을 만든다. 만일 East, West, South 각각의 단서 타당 비율을 50%로 하고 North만 75%를 유지한다면, 단서 타당도에 따른 단서 효과의 차이를 알아볼 수도 있을 것이다. 예를 들면, North를 가리키는 단서만 타당성이 높고, 이 때문에 반응 시간이 짧아지는 효과이다.

	posX	posY	cue_ori	validity	cue_taget
1	posX	posY	cue_ori	validity	cue_taget
2	0	0.25	-90	1	0
3	0	0.25	-90	1	0
4	0	0.25	-90	1	0
5	0	0.25	-90	1	0
6	0	0.25	-90	1	0
7	0	0.25	-90	1	0
8	0	0.25	-90	1	0
9	0	0.25	-90	1	0
10	0	0.25	-90	1	0
11	0	0.25	0	0	1
12	0	0.25	90	0	2
13	0	0.25	180	0	3
14	0.25	0	0	1	1
15	0.25	0	0	1	1
16	0.25	0	0	1	1
17	0.25	0	0	1	1
18	0.25	0	0	1	1
19	0.25	0	0	1	1
20	0.25	0	-90	0	0
21	0.25	0	-90	0	0
22	0.25	0	90	0	2
23	0.25	0	90	0	2
24	0.25	0	180	0	3
25	0	0.25	90	1	2

그리고 바깥 루프를 삽입하는데, 전체 시행 수를 240 시행으로 정한다고 생각하면, 120회씩 나눠서 시행을 하고 중간 휴식을 취할 수 있다. 그런데 맨 먼저 연습시행을 48회를 실시하면 meta_cond_Mouse.xlsx 가 필요하다. 각 세션을 시작할 때 이것이 연습시행인지, 본시행인지 알려 주고, 시행 수는 얼마나 되는지를 알려 줄 수 있다.

바깥 루프에 들어가는 메타 조건 파일과 Header 이름을 살펴본다.

	A	B	C
1	blocktype	block_rep	nofTrial
2	연습	1	48
3	메인	5	120
4	메인	5	120

이 정보를 제공하는 sessionready 루틴을 만든다. 다음과 같은 컴포넌트를 삽입한다.

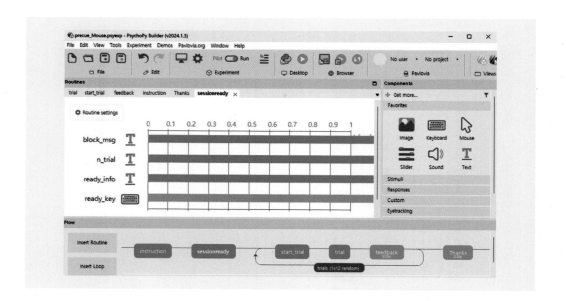

Text 컴포넌트의 내용이 화면에 겹치지 않게 제시되도록 Position 항목을 조정한다. 시행의 유형을 알리는 block_msg이다.

block_msg Properties ✕

Basic Layout Appearance Formatting Data Testing

Name block_msg

Start $ time (s) ⌄ 0.0
       Expected start (s)

Stop $ duration (s) ⌄
      Expected duration (s)

Text $blocktype   set every repeat ⌄

Help   OK   Cancel

위치는 중앙에서 지시문과 겹치지 않게 상향 조정한다.

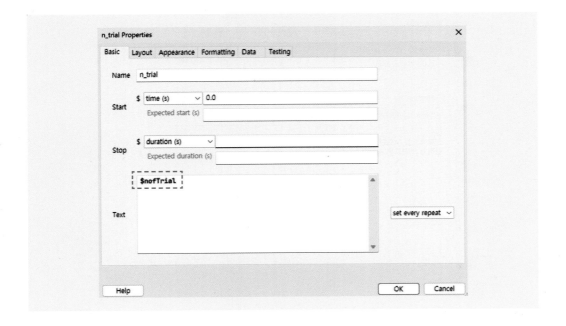

Text 컴포넌트에 넣은 nofTrial이다.

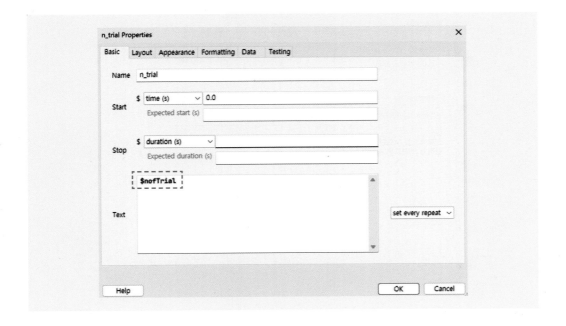

제시 위치를 block_msg 아래쪽이면서 ready_info 위쪽에 있도록 위치를 조정한다.

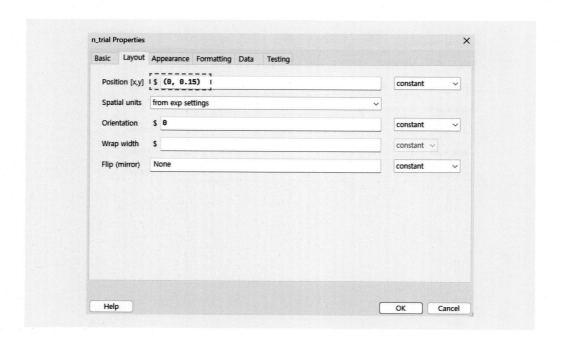

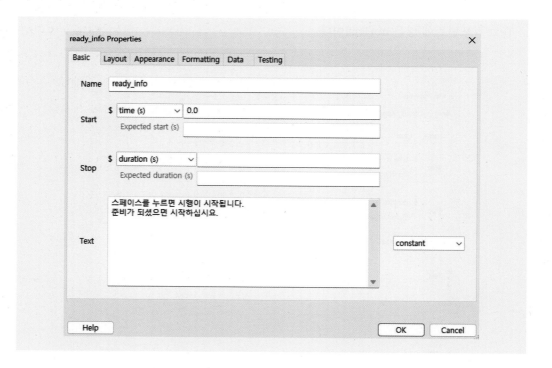

ready_key용 Keyboard 컴포넌트이다.

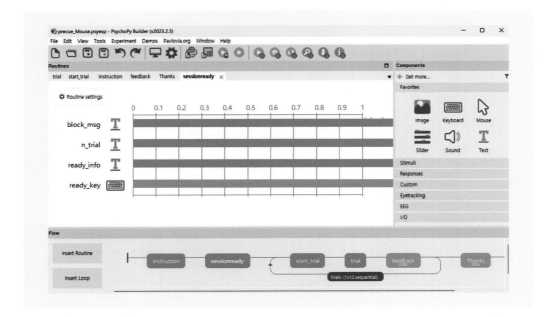

Session_ready 루틴이 삽입된 Flow이다.

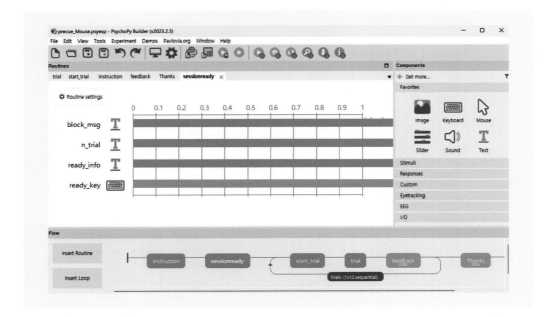

Session_ready 루틴의 화면은 다음과 같다. 기본 옵션으로 했을 경우 회색 바탕에 흰 글씨로 제시된다.

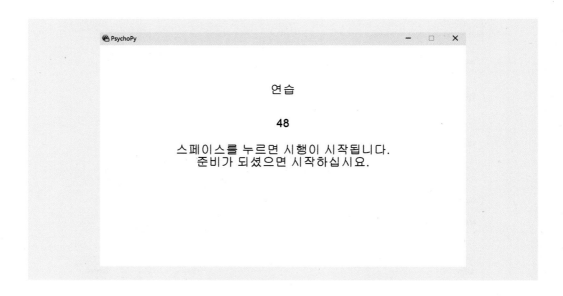

바깥 루프를 삽입한다.

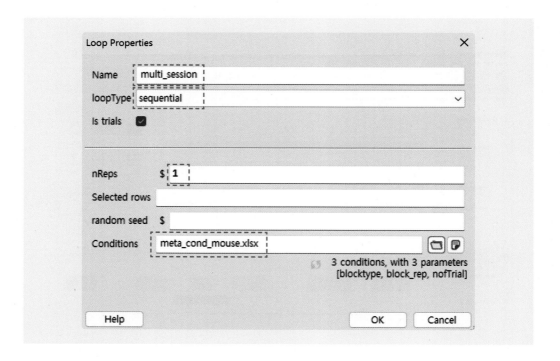

바깥 루프가 들어간 시간선이다.

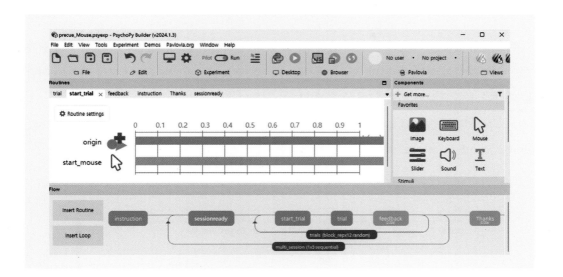

이제 안쪽 루프에 nReps 항목에 변수 block_rep로 대치하면 실험 프로그램이 완성된다.

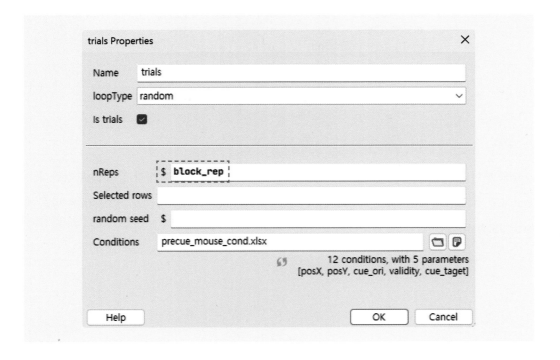

2. 변동 Inter-Stimulus-Interval(ISI)

주의를 유도하는 단서의 효과가 있다면, 그 효과가 시간의 흐름에 따라 어떤 변동성을 가지는지에 관심이 있을 수 있다. 단서 제시와 자극들(목표 자극과 방해 자극) 제시 사이의 시간을 다양하게 함으로써 이를 알아볼 수 있다.

precue_Mouse_cond.xlsx 조건 파일에 변동 ISI 값을 넣는 Header를 추가하고, precue_Mouse_cond_ISI.xlsx로 이름을 바꾸어 저장한다(Save As).

	A	B	C	D	E	F	G	H
1	posX	posY	cue_ori	validity	cue_taget	var_ISI		
2	0	0.25	90	1	0	1		
3	0	0.25	90	1	0	1.25		
4	0	0.25	90	1	0	1.5		
5	0	0.25	90	1	0	1		
6	0	0.25	90	1	0	1.25		
7	0	0.25	90	1	0	1.5		
8	0	0.25	90	1	0	1		
9	0	0.25	90	1	0	1.25		
10	0	0.25	90	1	0	1.5		
11	0	0.25	0	0	1	1		
12	0	0.25	-90	0	2	1.25		
13	0	0.25	180	0	3	1.5		
14								

Sheet1   +

trial 루틴의 목표 자극과 방해 자극 컴포넌트들, 그리고 마우스의 시작 항목을 수정한다.

noise_n, noise_e, noise_s, noise_w, Mouse 컴포넌트들을 차례로 열어 Start 항목에 $var_ISI를 대입한다.

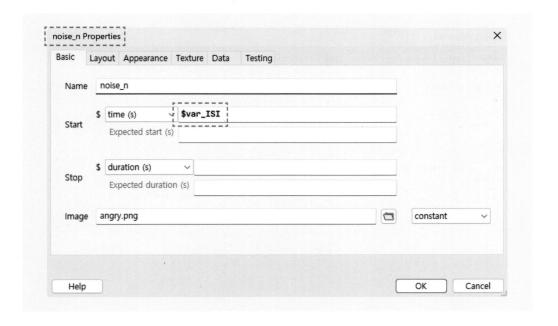

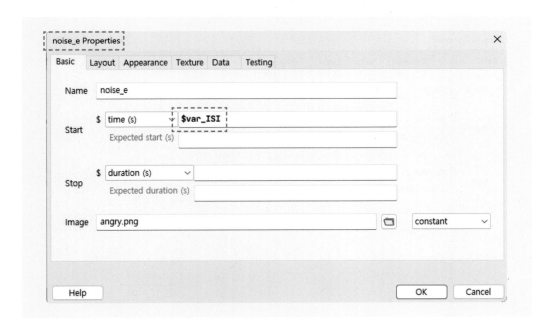

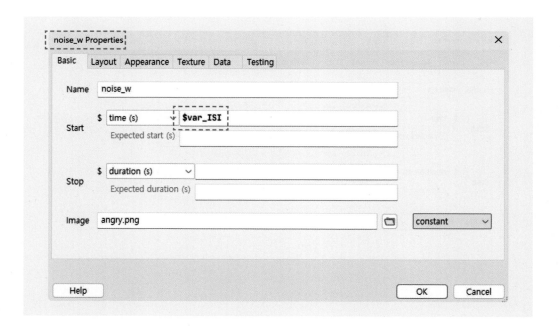

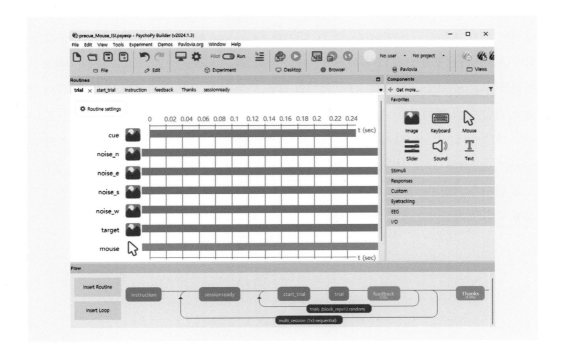

trial 루틴의 시간선이 다음과 같이 시작 시간이 0보다 왼쪽에 있는 것처럼 바뀐다. 프로그램을 실행하면, 단서와 자극 제시 사이의 간격이 다르게 제시된다.

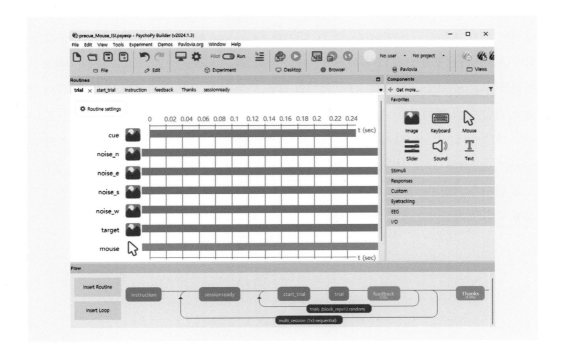

다음은 ISI에 계산하기 쉬운 수(1, 2, 3, 4)를 적용하여 실행한 자료이다.

	var_ISI	cue.started	cue.stopped	noise_n.started	noise_e.started	noise_s.started	noise_w.started	target.started	mouse.started	trial.stopped	BM
2	1	4.9243278	5.1737792	5.9239264	5.9239264	5.9239264	5.9239264	5.9239264	1.0138528	7.1258297	
3	2	10.1080747	10.3576436	12.1075287	12.1075287	12.1075287	12.1075287	12.1075287	2.0094343	13.0933172	
4	3	16.2080439	16.4586744	19.2080539	19.2080539	19.2080539	19.2080539	19.2080539	3.0151638	20.1771161	
5	4	23.1793095	23.4411962	27.1797446	27.1797446	27.1797446	27.1797446	27.1797446	4.0179874	28.3094881	
6	1	32.5408505	32.7913293	33.5413791	33.5413791	33.5413791	33.5413791	33.5413791	1.01439	34.5927866	
7	2	37.8253766	38.0745406	39.8251432	39.8251432	39.8251432	39.8251432	39.8251432	2.009491	40.7764575	
8	3	43.9919363	44.2415897	46.9747566	46.9747566	46.9747566	46.9747566	46.9747566	3.0141635	47.9936487	
9	4	50.8914326	51.1416425	54.8924111	54.8924111	54.8924111	54.8924111	54.8924111	4.0155905	55.8266737	
10	1	60.0087402	60.2586478	61.0093822	61.0093822	61.0093822	61.0093822	61.0093822	1.0037363	62.1604996	
11	2	64.9418689	65.1913765	66.9417075	66.9417075	66.9417075	66.9417075	66.9417075	2.0150169	67.8937212	
12	3	70.8752386	71.1254759	73.8752634	73.8752634	73.8752634	73.8752634	73.8752634	3.0133017	74.8600502	
13	4	77.6590345	77.90883	81.658382	81.658382	81.658382	81.658382	81.658382	4.009441	82.7276415	
14	1	86.5749685	86.8252305	87.5748687	87.5748687	87.5748687	87.5748687	87.5748687	1.0136908	89.5612469	

단서 제시가 끝난 시간을 나타내는 cue_Stopped 열에 var_ISI의 수를 더하면 noise_e.Started 시간이 나온다. 아주 정확하지는 않지만, 시행이 반복되면 ISI 시간이 cue와 자극 제시 시간 차이가 평균적으로 일치하게 얻어진다. 이를 응용하면 일련의 자극을 제시하는 경우, 자극들 간의 제시 간격을 조건 파일에서 다양하게 통제하는 것이 가능하다.

그런데 연구자가 주의의 변동에는 관심이 없고, 시행 구조상 단서 후 자극이 일정한 시간 간격(250ms)을 두고 제시되기 때문에 관찰자가 이를 예측하여 반응을 하는 것을 염려할 수가 있다. 이런 예측 반응을 방지하기 위해서 단서와 자극 제시 간의 ISI를 일정 범위의 시간 내에서 무선 변동시킬 수가 있다. 이런 경우에는 random 함수를 이용하면 된다. random 함수는 random 모듈을 불러서 사용하는데, PsychoPy Builder는 random 모듈을 기본으로 불러들인다. random 함수는 0~1.0 사이의 값을 동등 확률 분포로 만들어 낸다. 따라서 만일 시간 변동의 범위가 0~1.0 초이고 ISI가 0~1.0 초면, random()을 그대로 사용한다. 그리고 ISI를 0.5~1.5초 사이면, random() + 0.5로 한다. 그리고 ISI를 0.5~1.0초 사이면, random()/2.0 + 0.5로 한다. Start 항목에 $ 표시가 있어서 함수명을 그대로 적었다. 일반적으로 변수가 되면 Bold체로 바뀌는데, 여기서는 특이하게도 바뀌지 않는다. 그렇지만 프로그램 실행에 이상이 없음을 확인했다.

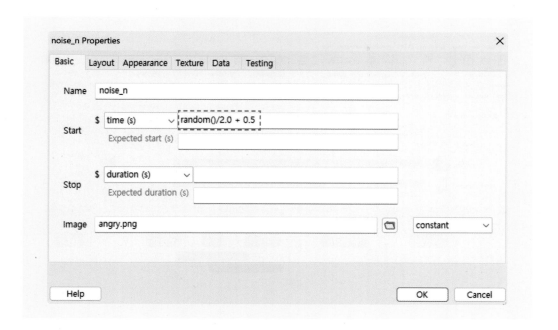

제시되는 항목이 하나라면 위와 같이 직접 입력해도 되지만 본 실험에서는 4개의 noise 와 하나의 target, 그리고 Mouse까지 동시에 시작해야 한다. 따라서 Code를 작성하여 루틴 이 시작되기 전에 변동 간격 시간을 random( ) 함수로 정해 변수에 저장하고, 이 저장된 값 을 trial 루틴에 있는 모든 컴포넌트에서 사용하도록 해야 한다. Start_trial 루틴의 code에서 End Routine 탭에 random 함수 code를 삽입하면 trial 루틴 전에 변동 간격 시간을 변수로 받을 수 있다. 조건 파일은 고정 ISI에서 사용한 조건 파일 precue_Mouse_cond.xlsx를 사용 하도록 하고 변수 var_ISI는 Code에서 값을 할당하면 된다.

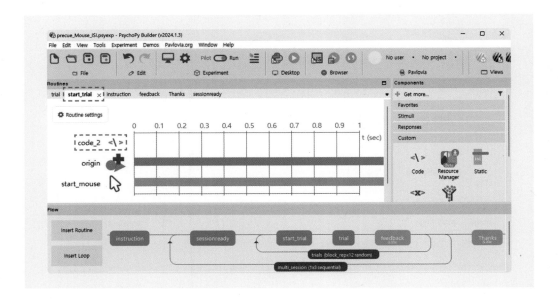

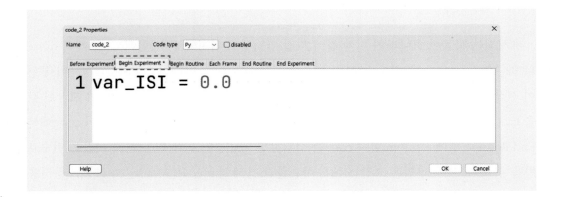

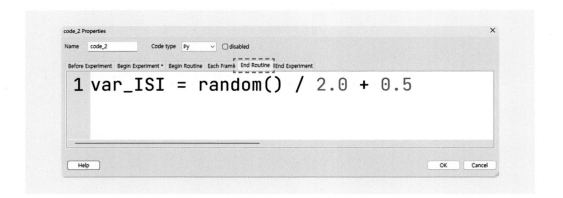

제2부

특정 과제를 위한 테크닉

제**8**장

Go/No-go Association Task(GNAT)

미국 심리학자 Brian A. Nosek과 Mahzarin R. Banaji(1956)는 GNAT를 개발하였다. 이 과제에서 참가자는 특정한 기준에 따라 반응을 하거나 또는 반응을 하지 않고 기다려야 한다. 이는 Franciscus C. Donders(1818-1889)의 C 과제 유형과 같다. 그런데 Nosek과 Banaji는 이 방법을 암묵적 태도 연구 방법으로 확장했다. 사람들이 연구 대상 단어가 어떤 범주(예: 곤충)에 속하는지 그리고 본질적으로 매우 평가적인 단어들을 섞어 놓은 집합에서 선택된 단어가 지정된 평가 범주(예: 양호)를 나타내는지를 판단하게 되는 공동 범주화 과제의 수행을 기반으로 암묵적 태도를 측정하는 방식이다. 응답자는 자극 단어가 관심 대상 범주 또는 지정된 평가 범주를 나타내는 경우 응답 키를 누르고(go), 자극이 두 범주를 나타내지 않는 경우 누르지 않고 기다려야(no-go) 한다.

예를 들면, 먼저 참가자의 기저 수행을 측정하기 위해 검사의 한 단계에서 관심 범주의 단어가 긍정적인 평가와 함께 공동으로 판단하도록 한다. 두 번째 단계에서는 관심 범주가 부정적인 평가와 함께 공동으로 판단하도록 한다. 태도는 판단 대상 범주가 좋은 평가 범주와 나쁜 평가 범주와 각각 짝을 이룰 때 작업 수행의 상대적 반응속도에서 유추할 수 있다. GNAT는 개념적으로 Implicit Association Test와 유사하다.

이 과제의 중요한 부분은 무반응을 반응으로 간주해야 하는 것이다. 일정한 시간 동안 반응을 하지 않아야 옳은 반응으로 간주하기 때문에 시행 구조에서 몇 가지 요령이 필요하다. 그러면 이 요령을 이해하기 위해서 익숙한 게임인, 369 게임을 만들어 본다. 먼저 New를 선택하고 Save as로 새 파일을 369 이름으로 저장한다.

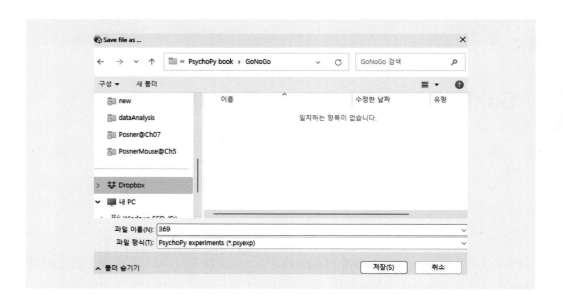

369 게임을 만드는 데, 숫자는 1~9만 사용한다. 화면에 숫자가 하나씩 나타나는데, 3, 6, 9에는 반응 없이 기다리고, 나머지 숫자에는 space 키를 빠르게 누르는 것으로 한다.

우선 화면에 숫자가 나오도록 하는 Text 컴포넌트를 준비한다. 숫자는 3초간 제시되고, 3초가 지나면 화면에서 사라지도록 만든다. 즉, 숫자가 화면에 제시되는 최대 시간이 3초이다. 제시되는 숫자는 우선 4로 한다.

Keyboard 컴퍼넌트를 준비한다. 키보드 입력이 끝나는 시간을 3초로 정한다. 키보드 반응이 없이 루틴이 끝나면 반응 저장 변수에 'None'이 저장되는데, 'None' 반응을 허용되는 키 목록에 등록시킨다.

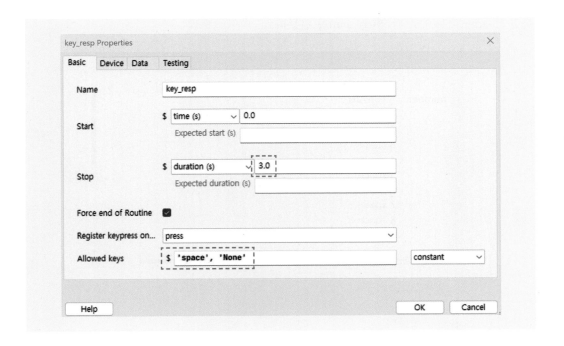

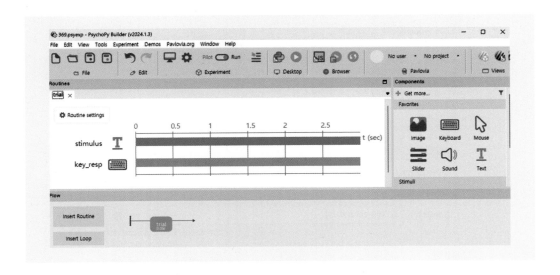

    프로그램을 실행하면 화면에 숫자 4가 제시되고 space 키를 누르거나, 또는 3초 동안 키
보드 반응을 하지 않고 기다리고 있으면 화면에서 숫자가 사라진다.

    이렇게 작동하는 것을 확인했으면 조건 파일을 369_cond.xlsx 이름으로 준비한다. 화면
에 제시되는 숫자는 number라는 Header 이름으로, 그에 따른 정확 반응은 corrAns라는 익
숙한 Header 이름으로 된 열(column)을 만든다.

	A	B	C	D	E	F	G
1	number	corrAns					
2	1	space					
3	2	space					
4	3	None					
5	4	space					
6	5	space					
7	6	None					
8	7	space					
9	8	space					
10	9	None					
11							

Sheet1   +

    그리고 Loop를 구성한다.

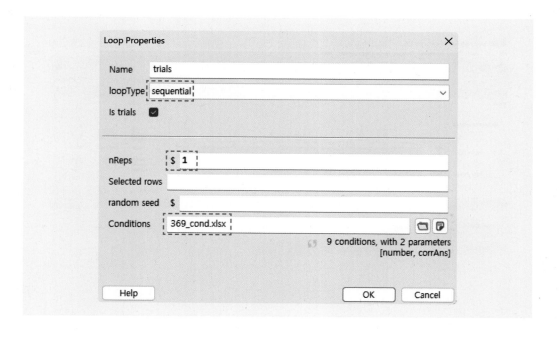

다음은 Text, Keyboard 컴포넌트에 조건 파일의 Header 이름인, number와 corrAns를 각 각 연결한다.

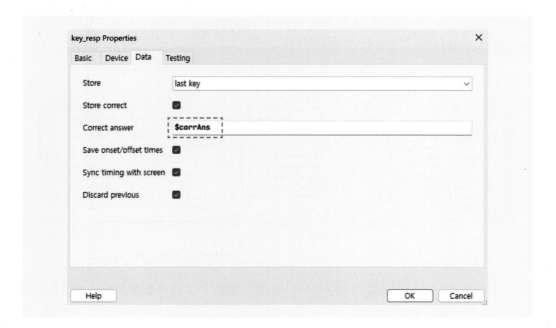

이전 프로그램에서 작성했던 피드백 루틴(feedback Routine)을 복사해서 재활용한다(제5장 124쪽 참조).

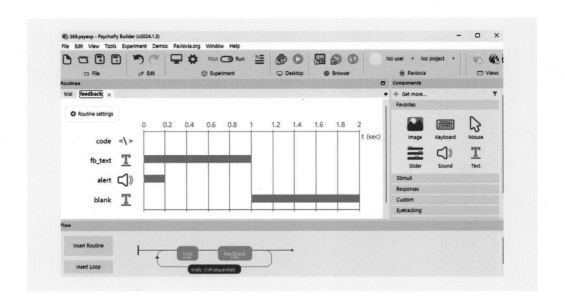

현재 상태의 프로그램을 실행해서 얻은 결과 파일을 그림으로 제시했다. 결과 파일에서 주목해야 할 컬럼만을 제시했는데, 이를 살펴보면 'None' 반응을 요구할 때 무반응이면 key_resp.corr이 1이고, 반응을 하면 0이다. 그리고 'Space' 반응을 요구할 때 무반응이면 key_resp.corr이 0이고, 반응을 하면 1이다.

나머지 필요한 instruction, Farewell 루틴도 먼저 만든 프로그램을 참고해서 재활용하면서 프로그램을 완성한다.

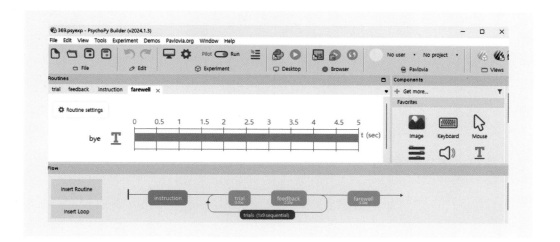

제9장

Slider로 하는 설문지

설문 조사는 참가자의 여러 관련 정보를 받기 위해서 실험의 일부에 포함되는 경우도 있고, 단독으로 설문지 평정 척도를 구성하는 경우 등 다양하게 쓰일 수 있다. 척도를 사용하는 방법을 알아보도록 한다.

프로그램 이름은 custom_survey로 한다.

응답에서 Slider 컴포넌트를 사용하고, 설문 문항은 Text 컴포넌트를 사용한다. Routine 이름은 Slider_check로 바꿨다.

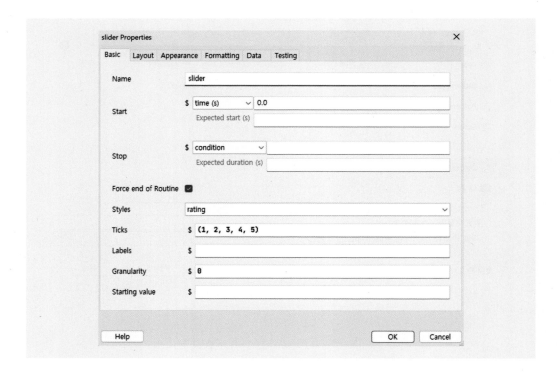

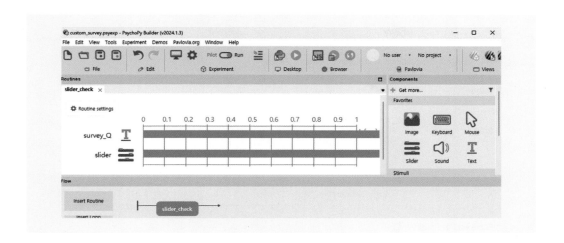

기본 옵션으로 구성한 후 실행하면 다음의 화면을 볼 수 있다.

일반적인 설문 척도에 맞게 수정할 부분이 있다. 무엇보다도 척도의 각 마디(tick)에 척도가 의미하는 바가 전혀 없다. 그리고 크기와 위치도 조정할 필요가 있다.

Labels 항목은 척도 마디의 의미를 알 수 있게 설명을 붙여 주는 것이다. Granularity는 척도값의 단계를 정한다. 여기서는 1인데, 증감을 1씩 한다. 0.1이라면 0.1씩 변한다. 만일 0이라면 증감 단위가 아주 작은 무한소라고 간주하면 된다.

Style은 Slider, rating, radio, scroll bar, choice 중 하나를 선택한다. 각 스타일은 하나씩 택해서 선택 화면 상태를 확인하는 것이 좋다. 그리고 Ticks 수로 5점, 7점 등 자유롭게 정할 수 있다.

Layout의 Size는 슬라이더의 좌우, 높이 길이를 정한다. 만일 좌우 크기가 높이 크기보다 작으면 척도가 세로 방향으로 바뀐다. 슬라이더의 적절한 위치와 크기를 잡는 것도 중요한 일이다. 그렇지만 단번에 맘에 들게 만들기는 어려우니 시행착오를 각오하는 편이 좋다.

Slider에 Label을 한글로 사용하려면, 한글 폰트를 지정해 주어야 한다. 운영체계에 기본으로 들어 있는 Batang 또는 AppleMyungjo를 사용할 수 있다. 그런데 온라인 실험을 계획하고 있다면, 의외로 중요한 점이 폰트 저작권일 수 있는데, 저작권 걱정 없이 실험을 온라인으로 업로드하려면 무료로 사용할 수 있는 네이버의 나눔 폰트를 사용하는 것을 추천한다. 네이버 나눔 폰트 설치가 되어 있어야 하므로 인터넷 사이트에서 내려 받아 설치하도록 한다. 바탕체를 사용해도 무관하다.

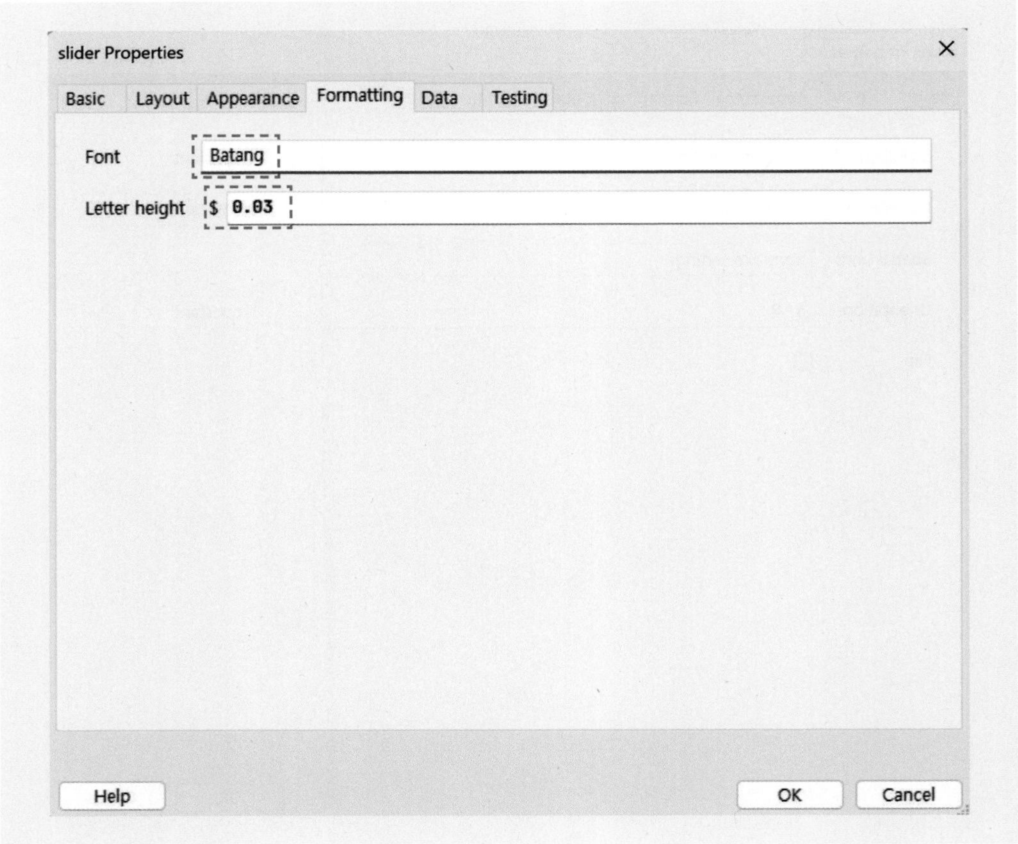

slider Properties   ✕

Basic   Layout   Appearance   **Formatting**   Data   Testing

Font   Batang

Letter height $ 0.03

Help   OK   Cancel

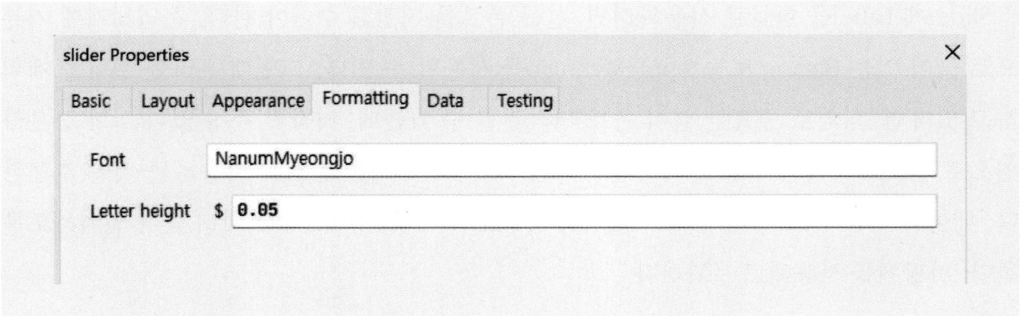

---

slider Properties   ✕

Basic   Layout   Appearance   **Formatting**   Data   Testing

Font   NanumMyeongjo

Letter height $ 0.05

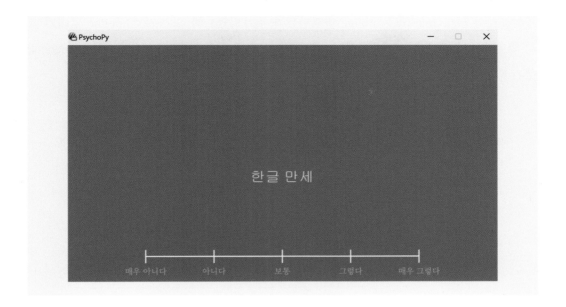

현재 기본 상태로 Basic 탭에서 Force end of Routine이 check되어 있으면, 반응을 선택하자마자 Routine이 끝나고, 화면이 다음으로 넘어가서, 답변을 수정할 기회가 없다. 선택을 수정할 기회를 원한다면 슬라이더에서 선택을 하면 "다음" 질문으로 넘어갈 수 있게 해 주는 절차를 추가로 도입하는 것이다. 이를 위해서 Slider의 Basic 탭에서 Force end of Routine의 갈매기 표시를 없앤다. 그리고 다음의 두 가지 컴포넌트를 추가로 이용하여 그 절차를 구성하도록 한다.

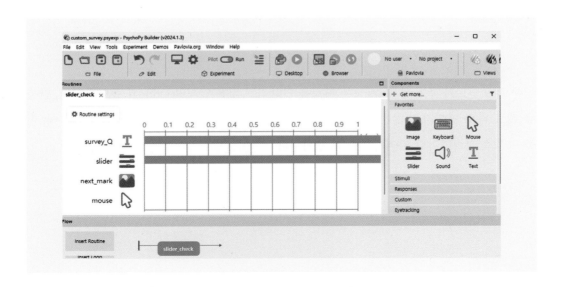

    Mouse와 next_mark라는 Image 컴포넌트가 추가되었으며, Slider는 timeline 막대기 색이 황토색에서 파란색으로 바뀌었다. 이는 Basic 탭에서 Force end of Routine을 uncheck 했기 때문이다.

slider Properties						✕

Basic　Layout　Appearance　Formatting　Data　Testing

Name	slider
Start	$ time (s) ▾　0.0
	Expected start (s)
Stop	$ condition ▾
	Expected duration (s)
Force end of Routine	☐
Styles	rating ▾
Ticks	$ (1, 2, 3, 4, 5)
Labels	$ '매우 아니다','아니다','보통','그렇다','매우 그렇다'
Granularity	$ 1
Starting value	$

Help　　　　　　　　　　　　　　　　　　　OK　Cancel

    두 컴포넌트가 추가된 Routine은 평정을 기다리는 것은 앞의 Routine과 동일하지만, 반응을 해도 바로 넘어가지 않는다. 평정을 하면 "다음"이라는 이미지가 우하단에 등장하여, 이를 마우스 클릭해야만 넘어가도록 할 계획이다.

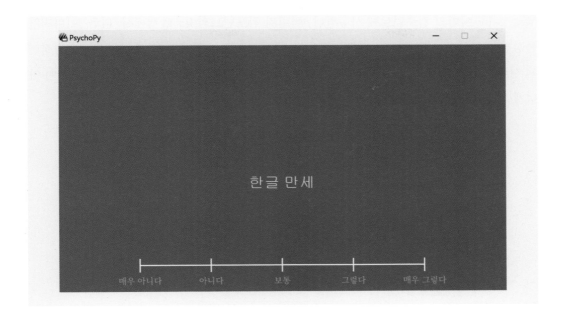

Slider 반응을 하면 "다음" 이미지가 나타난다.

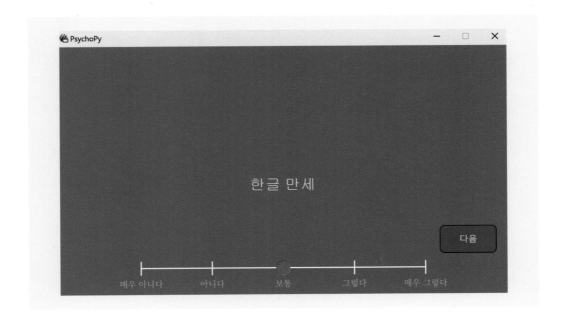

Next_mark 컴포넌트를 살펴본다. 우선 '다음'이라는 이미지는 파워포인트를 이용해서 사각형 도형 안에 글자를 넣어 만들었다. 이를 next.png 이름의 이미지 파일로 저장하고, 이를

next_mark 이미지 컴포넌트에 사용한다. 이미지 컴포넌트의 Basic 탭에서 "다음" 이미지가 등장하는 항목은 시간(time)이 아닌 조건(condition)으로 바뀌었고 그 조건은 Slider 평정이 된 상황으로 slider.rating이다. Slider 평정이 최초로 시도되면 slider.rating 변수값이 0이 아니게 되고, 따라서 시작하는 조건이 참(true)이 된다.

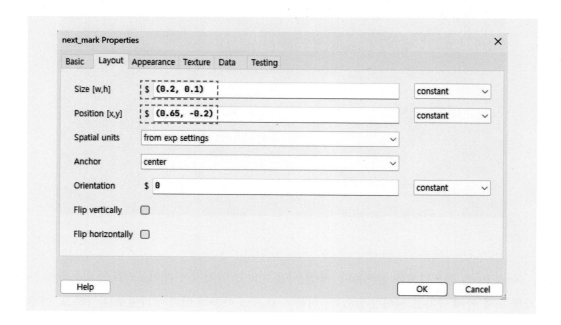

Mouse 컴포넌트에 Clickable stimuli는 Image 컴포넌트 이름인 next_mark이다. Basic 탭에서 Mouse가 시작하는 항목은 시간(time)이 아닌 조건(condition)으로 바뀌었고 그 조건은 next_mark 이미지 컴포넌트와 같이 Slider 평정이 된 상황으로 slider.rating이다.

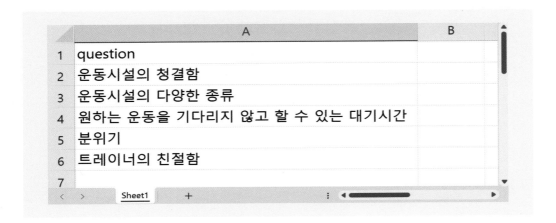

그리고 질문에 넣을 문항을 condition file로 구성하도록 한다.

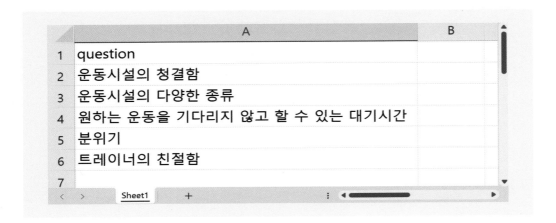

루프를 추가하고 question을 survey_Q 컴포넌트에 연결한다.

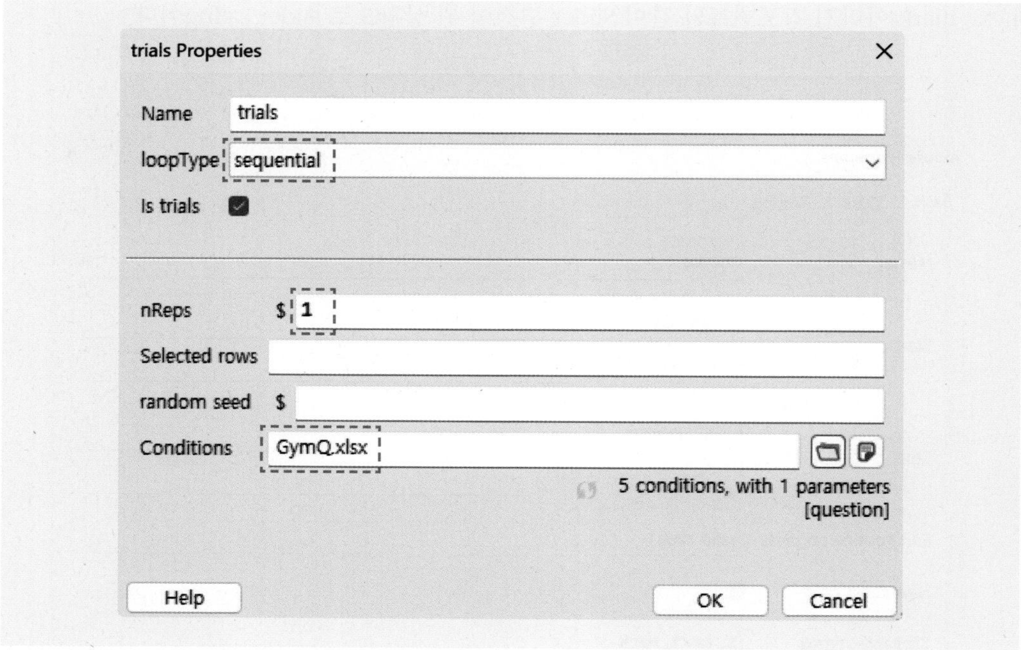

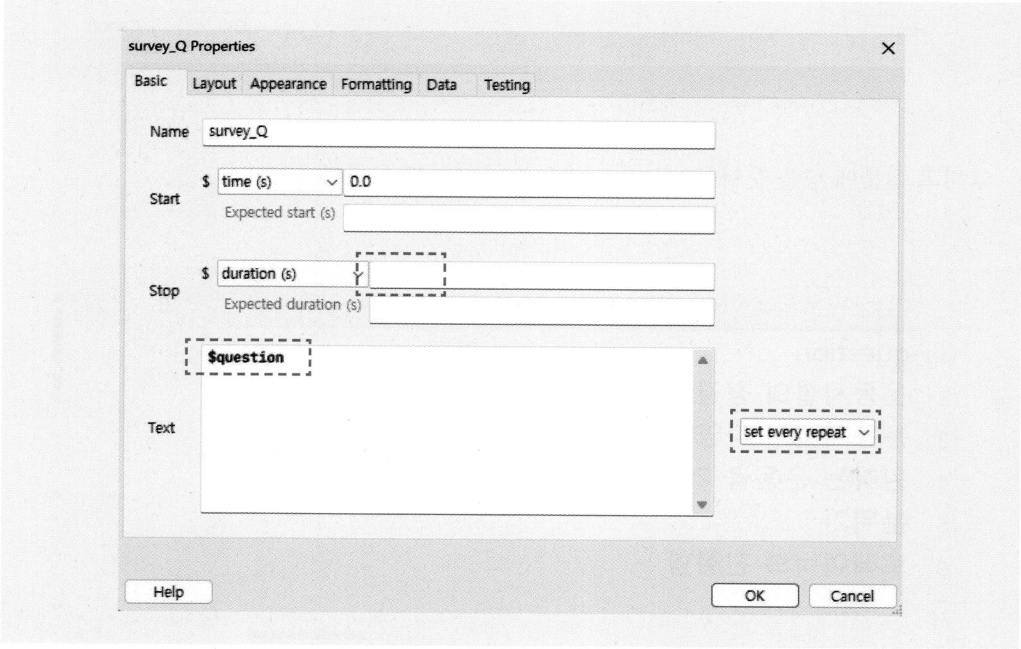

설문의 지시문 루틴을 추가한다. 그리고 지시문 Text 컴포넌트, 그리고 Keyboard 컴포넌트를 삽입한다.

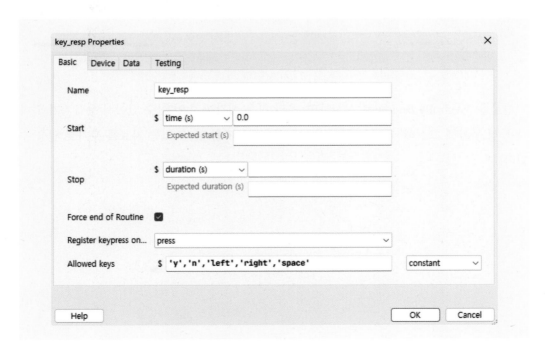

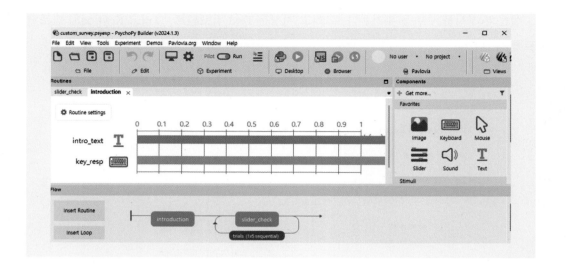

실행을 한 후 결과 파일을 보면 다음과 같다.

	A	B	C	D	E	F	O	P	Q	R	S	T	U	V	
1	question	trials.thisR	trials.thisT	trials.thisN	trials.thisIn	thisRow.t	slider_chec	survey_Q.s	slider.start	next_mark	mouse.sta	slider_chec	slider.resp	slider.rt	mous
2															
3	운동시설으	0	0	0	0	11.9731	11.94533	11.9731	11.9731	18.0883	6.115815	19.79385	4	6.085701	[0.67
4	운동시설으	0	1	1	1	19.82087	19.80001	19.82087	19.82087	24.2396	4.422536	25.15795	3	4.399548	[0.60
5	원하는 운	0	2	2	2	25.18792	25.15846	25.18792	25.18792	30.12219	4.947045	30.89122	3	4.919155	[0.64
6	분위기	0	3	3	3	30.92141	30.89171	30.92141	30.92141	34.82217	3.913739	35.59455	4	3.895192	[0.62
7	트레이너으	0	4	4	4	35.62151	35.59504	35.62151	35.62151	39.50554	3.894144	40.12528	5	3.864146	[0.66
8															
9															

036417_custom_survey_2024-01-30

설문을 PsychoPy Builder로 실시하면, 응답 반응 시간까지 얻을 수 있어서 응답자가 얼마나 특정 문항에 고심해서, 또는 즉각적으로 반응했는지를 알 수 있는 자료를 추가로 얻을 수 있다.

제10장

Frame Action

어떤 과제는 자극을 화면의 프레임이 refresh할 때마다 자극의 속성을 바꾸어 역동적으로 제시할 필요가 있다. 또는 관찰자가 반응하기를 기다리는 중에도 자극의 속성을 계속 바꿔 주어야 할 경우도 있다. 이때는 부득이 코딩(coding)을 좀 더 자세히 알아야 한다. Image, Text 컴포넌트에 있는 속성을 직접 변경하도록 하는 코딩 방식을 쓰거나, 컴포넌트 Custom에 있는 Code 컴포넌트를 삽입할 수도 있다. Code는 앞에서 Feedback Routine을 작성할 때 사용했던 컴포넌트이다. 코드 작업과 다른 컴포넌트를 연결하는 방법을 알면 실험 과제의 지평이 넓혀진다. 우선 코드 없이 컴포넌트 항목에 직접 PsychoPy Builder 기본 함수들을 시간 변수(t)와 연결하는 예를 살펴보도록 한다.

1. 움직이는 이미지

그림을 제시하고 그림이 화면에서 원주를 따라 움직이도록 만들어 본다. 우선 새 Builder file을 smile_rotate라고 저장한다.

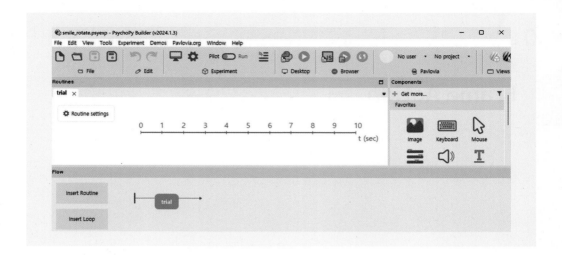

우선 Image 컴포넌트를 삽입한다. Stop 시간은 없애서 반응키를 누를 때까지 제시하도록 바꾼다. 그리고 pre-cue 실험에서 사용한 smile 그림을 이미지로 사용한다.

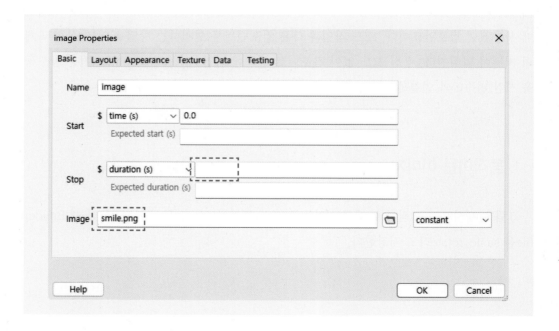

　　Layout 탭에 있는 Position 항목에 변수를 할당하면 위치를 프로그램 실행 중에 바꿀 수 있다. 우리가 작성한 대부분의 실험에서 condition file에 있는 Header 명칭으로 Basic 탭의 Image나 Text를 사용할 때는 $ 표시를 변수(Header) 앞에 붙였다. 제3장에서 사용한 적이 있는데, Layout 탭에는 Size, Position, Orientation 모두 기본으로 $ 표시가 있다. 이는 여기에 사용되는 이름은 $ 표시가 없어도 변수로 간주한다는 의미이다. 따라서 이름만 입력해도 변수로 간주한다.

　　PsychoPy Builder는 각 루틴마다 내부적으로 시간 변수 t를 지정하고, 매번 루틴이 시작할 때마다 시간을 reset하고, 변수 t에 Routine의 경과 시간을 저장한다. 그러므로 시간의 흐름에 따라 변화하는 자극의 변수로 t를 사용할 수 있다.

　　스마일이 움직이는 궤적을 원주로 지정해 보자. 그런데 모니터 화면에 위치를 표시하는 직교좌표는 원의 움직임을 표현하기에는 적합하지 않다. 원주는 극좌표(polar coordinate) 방식을 사용해서 표현하면 쉬운데, 중심으로부터 거리, 즉 반지름(R)과 수평선과의 각도(θ)로 표현하는 것이다(부록 H 참고). 그러면 화면 중심(원점)에서 일정한 거리를 두고 움직이는 스마일을 고정된 반지름과 변하는 각으로 표현할 수 있다. 이 예제에서 반지름은 0.3을 쓴다. 그리고 직교좌표(x, y)로의 변환은 삼각함수 cos, sin을 이용한다[r · cos(θ), r · sin(θ)].

　　PsychoPy Builder가 사용하는 cos, sin 함수는 라디안을 매개변수로 받는다. 원의 한 바퀴, 즉 360도는 라디안으로 표현하면 2π, 즉 6.28(=2×3.14)이다. 약 6.28초마다 스마일 표시는 원 한 바퀴를 돌게 된다. 그리고 이를 프레임마다 새로운 위치에 나타나도록 화면을 갱신해 주어야 하므로 constant를 set every frame으로 바꾼다.

　　참고로 Builder는 Python numpy package로부터 sin, cos, tan, log, log10, pi, average, sqrt, std, deg2rad, rad2deg, linspace, asarray 함수를 항상 기본 함수로 불러들이기(import) 때문에 마치 Python에 원래부터 있던 기본 함수인 것처럼 원래 속했던 numpy 패키지 이름을 명시하지 않아도 sin, cos, tan 함수를 쓸 수 있다.

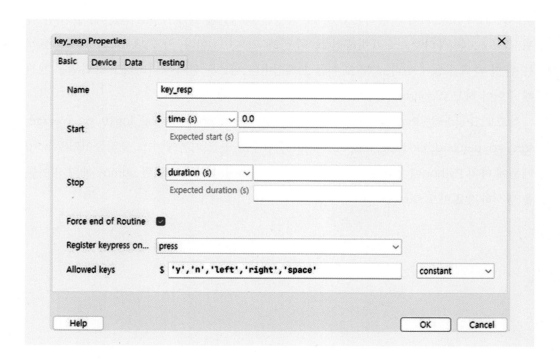

Keyboard 컴포넌트도 기본 옵션으로 수정 없이 삽입한다.

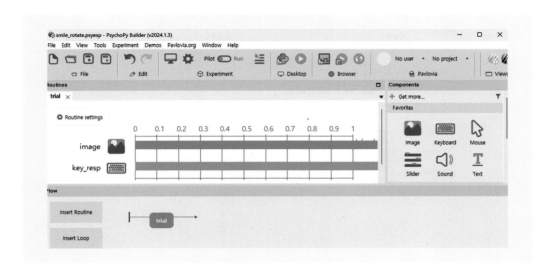

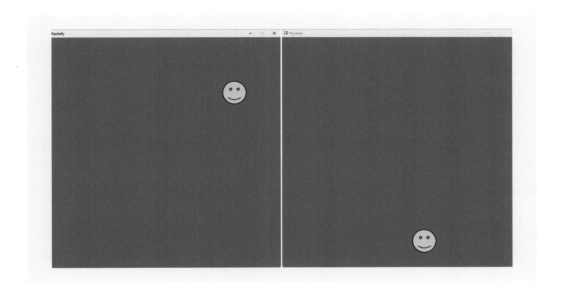

스마일이 원주를 회전하면서, 스스로도 회전하도록 하려면 Orientation을 바꿔 주면 된다. 회전 방향이 반시계 방향이어서 시계 방향으로 돌리기 위해 minus sign을 더했다. Radian 각도를 degree 각도로 바꾸는 것은 numpy에서 이미 import된 rad2deg 함수를 사용하면 된다.

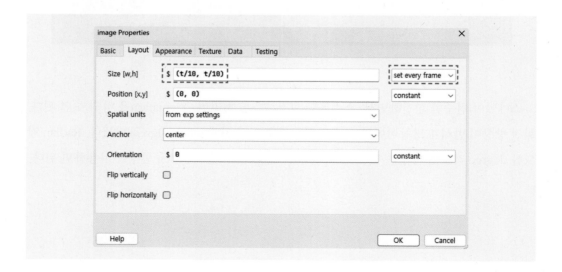

2. 시간에 따라 커지는 이미지

1) 컴포넌트 속성에 함수를 직접 적용하여

이번에는 그림이 시간의 흐름에 따라 확대되도록 해 보자. 스마일 그림을 중앙에 고정하고, 초당 0.1씩 커지도록 한다. 앞에서 사용한 이미지 컴포넌트의 속성들을 다음 그림과 같이 변경한다.

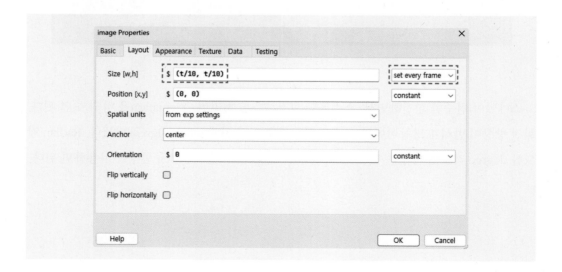

이런 접근을 하면, 크기가 이론적으로 0에서 무한대가 된다. 상황에 따라 초기의 크기와 최대 크기가 정해져 있다면, Code를 삽입해서 관리하는 것이 정석이다.

2) Code 컴포넌트를 사용하여

그림이 시간의 흐름에 따라 확대되는데, Code를 사용하여 만들어 본다.

이미지 컴포넌트 Layout 탭의 Size 항목에 sizeX와 sizeY를 변인으로 입력하고 Code에서 sizeX와 sizeY 각 변인이 시간에 따라 어떻게 변하는지를 정할 수 있다.

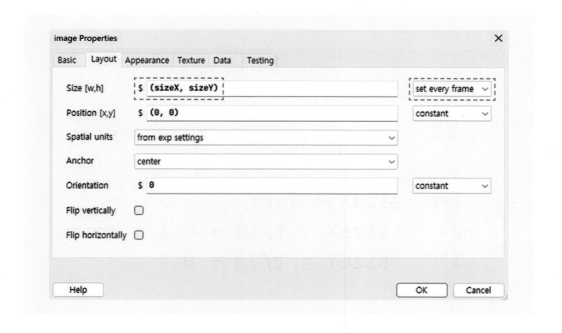

초기 크기는 0.1에서 최대 1.0을 넘지 않도록 조건을 만든다. Begin Routine 탭에서 sizeX 와 sizeY 변수를 초기화 선언을 한다. 0.1씩 할당한다. 그리고 Each Frame 탭에서 1.0이 될 때까지 0.1씩 증가시키고, sizeX와 sizeY 변수가 1.0이 되면 더 이상 증가하지 않도록 조건문을 만든다.

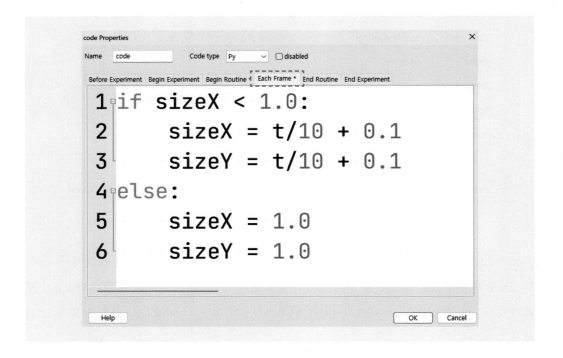

　스마일 그림이 빠르게 증가하다가, 화면의 위아래 가장자리에 닿을 정도로 커지면(1.0이 되면), 더 이상 커지지 않게 된다. 그러나 화면이 멈춘 것은 아니고 계속 같은 크기의 이미지를 제시하는 상황이다. 스페이스 키를 누르면 화면에서 빠져나온다.

3) Variable 컴포넌트를 사용하여

앞에서 작성한 사진이 커지는 프로그램을 Code 컴포넌트 대신에 Variable 컴포넌트를 사용하여 재작성을 해 본다. 기본적으로 Image, Keyboard를 삽입한다.

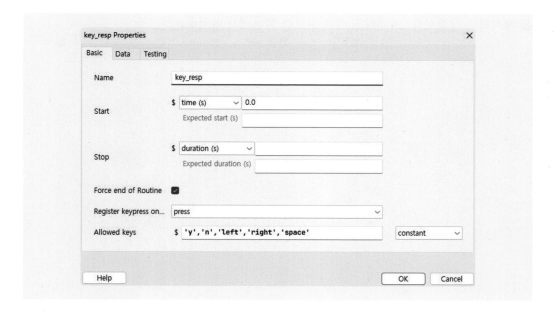

　　Variable 컴포넌트를 선택하여 변수 이름(Name)을 photo_size라고 정하고, 초기값을 0.1, frame별 Image의 크기는 Routine 경과 시간의 10%에 초기 크기인 0.1을 더한다. 시작 시간은 0으로 변수가 끝나는 시간은 9.0으로 하여 Image 크기가 최대 1.0이 되도록 한다.

　　변수의 처음 값과 마지막 값이 저장될 수 있도록 Data 탭에서 Save routine start value, Save routine end value를 체크한다.

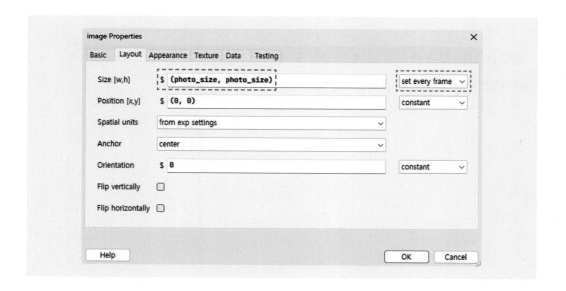

Image 컴포넌트 속성창의 Layout에서 Size가 변할 수 있도록 photo_size 변인(Variable 컴포넌트 이름)을 삽입한다.

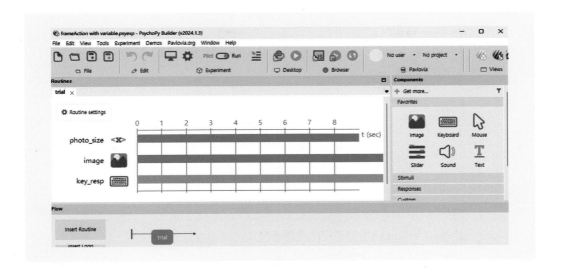

실행을 하면 스마일 사진이 점점 커지다가, 약 9초가 지나면 더 이상 커지지 않는다. Space bar를 누르면 프로그램이 끝난다.

다음은 자동생성 data 파일인 csv 파일이다. Builder가 만든 변수 photo_size. routineStartVal, photo_size.routineEndVal가 생성되어 있다.

3. 이미지 크기를 Slider로 조절하기

앞에서 작성한 사진이 커지는 프로그램을 Slider 컴포넌트를 이용하여, Slider로 지정한 만큼 사진의 크기가 커지도록 해 본다. 새 Builder file을 size_by_Slider라고 저장한다. Slider 컴포넌트에서 사진 크기에 대한 정보가 제공되므로 우선 Slider 컴포넌트부터 준비한다.

Slider 반응으로 Routine이 끝나면 안 되므로 Force end of Routine을 uncheck한다. Style을 Slider로 바꾸고, Slider 값이 0~1 사이에서 변하도록 Ticks 값을 바꾼다. 한편 Builder에서 사진 크기는 초기값이 1.0으로 정해져 있다.

다음은 Image 컴포넌트를 준비한다.

사진 크기는 Slider에서 제공하므로 Layout 탭에서 Size에 Slider 값을 읽는 함수(getRating())를 직접 입력한다.

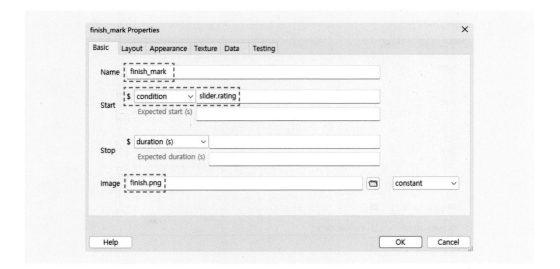

Slider 반응으로 Routine이 끝나지 않으므로, Slider 반응과 함께 "마침" 표시가 등장하고 이를 눌러서 Routine이 끝날 수 있도록 만든다. 제12장에서 Slide와 Mouse를 사용했던 기법이다.

먼저 "마침"으로 사용할 그림을 준비한다. PowerPoint로 만드는 것이 가장 용이하다.

Mouse 사용법에서는 컴포넌트 이름이 의미 있으므로, "finish_mark"라고 직관적으로 알수 있게 정한다. Slider 반응이 있은 후에만 사용할 수 있도록 Time으로 되어 있는 Start를 Condition으로 바꾸고, slider.rating을 넣는다. 9장에서 설명한 바와 같이 Slider 반응을 하면 값이 0이었던 slider.rating이 0이 아닌 값으로 바뀌고, 이것은 Python에서 '참'인 조건이 된다.

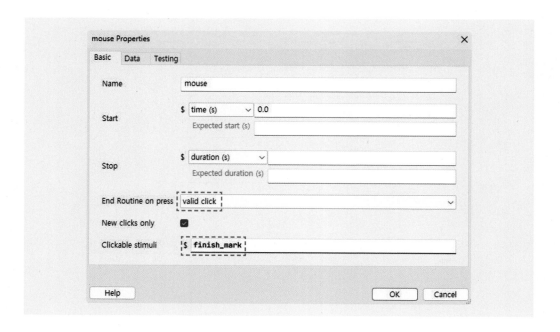

크기는 적당한 정도로 만들고, 위치는 우측 하단으로 정한다.

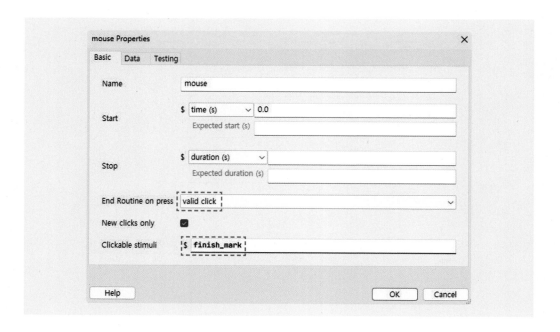

End Routine on press는 현재의 Routine을 끝내는 중요한 조건인데, "마침" 표시를 클릭해야만 끝날 수 있도록 하기 위해서는 'valid click'으로 바꿔 주고, Clickable stimuli를 'finish_mark'로 지정한다.

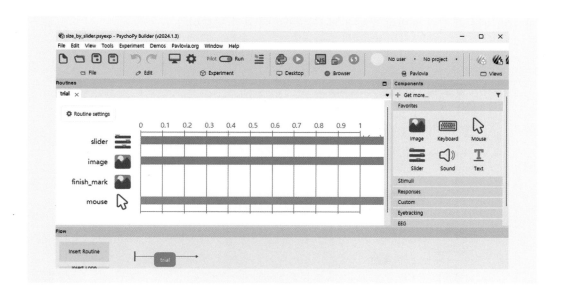

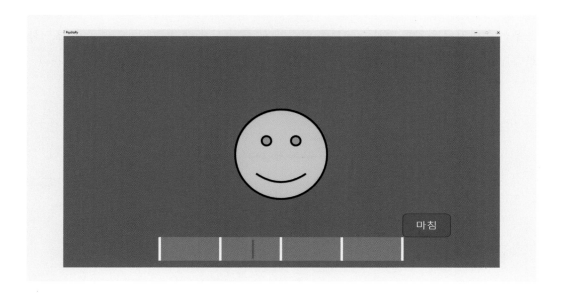

슬라이더를 움직이면, 연동해서 이미지 사이즈가 바뀐다. 마침을 누르면 프로그램이 종료된다.

4. 이미지 이동 방향을 방향키로 정하기

이제 코드 컴포넌트를 이용하여 루틴의 적합한 위치에 Python 코드를 삽입해 본다. 화면의 이미지를 키 입력을 받아 방향을 바꾸는 방법에 관한 코드이다.

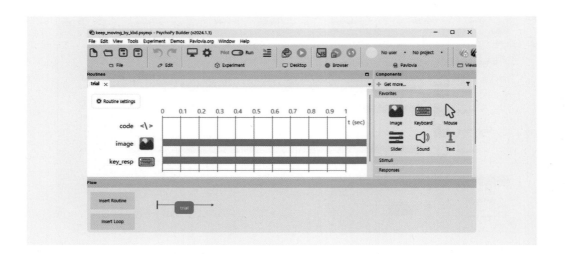

우선 이미지의 위치를 정하는 코드를 입력한다. 루틴 시작 때 변수 posX, posY를 초기화한다.

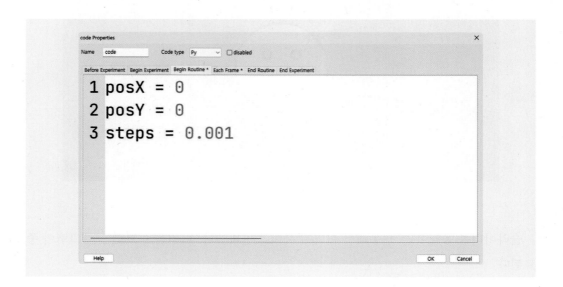

　그리고 입력된 방향키(up, down, left, right)에 따라 위치 좌표값을 일정량(0.001) 증가시킨다. 코드 부분에 대입 연산자(assignment operator)를 사용했다. posX −= steps는 posX = posX + steps이다. 즉, 자신을 대입하여 연산을 수행한 후 자기에게 저장하라는 의미이다. 이는 사칙연산에 모두 사용할 수 있다(+=, −=, *=, /=). 스페이스 키를 누르면 아무런 동작을 하지 않는 상황(pass)이므로 posX와 posY의 값에 변화가 없고, 제자리에 멈춰 있게 된다. 그리고 키를 입력하여 스마일 이미지가 움직이도록 하기 때문에 키보드 컴포넌트에서는 키를 누른다고 루틴이 끝나지 않아야 한다. 그러므로 루틴이 끝나는 방법을 코드에서 구현해야 한다. 11번째 줄의 코드는 'q' 키를 누르면 continueRoutine이라는 변수가 False(거짓)가 되도록 한다. 변수 continueRoutine은 PsychoPy Builder에서 특수한 의미를 갖는 변수로, 원래 True 값을 가지고 있다가 False가 되면 루틴이 끝나게 된다. 이 방식(continueRoutine = False)은 키보드 컴포넌트 또는 마우스 컴포넌트에서 루틴을 끝나게 하는 체크박스 역할을 대신할 수 있으므로 기억해 두면 좋다.

　스마일을 화면에 제시하는 이미지 컴포넌트이다. Basic 탭에서 그림을, Layout 탭에서 변수 posX, posY를 배정한다.

키보드 컴포넌트다. 키는 방향키와 스페이스, q가 모두 포함되도록 가능한 키 목록을 수정한다. 그리고 코드에서 q키를 누르면 루틴이 끝나도록 만들었으므로 Force end of Routine 박스의 갈매기 표시를 없앤다(unchecked).

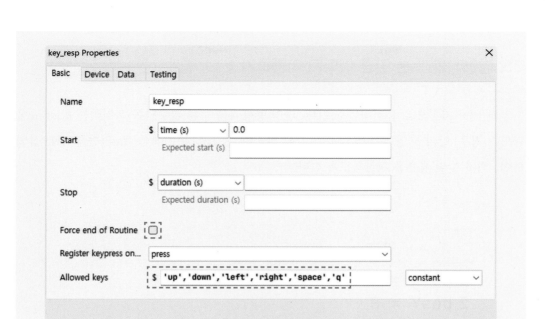

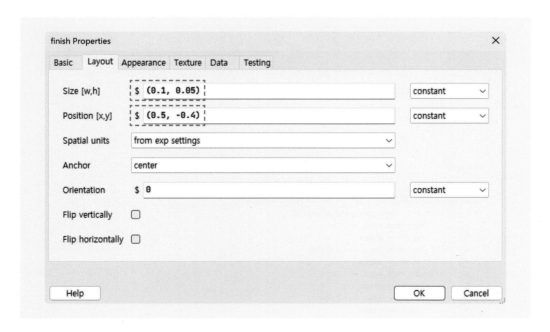

실행을 하면 눌렀던 방향키에 따라 이미지가 자동으로 조금씩 이동한다.

5. 방향키를 누른 만큼 이미지 이동하기

앞의 예가 자동으로 움직이는 것인데, 만일 방향키를 누른 횟수만큼 움직이는 Routine을 만드는 경우, 앞의 코딩 부분을 다음과 같이 바꾼다. 초기화 부분에 keyfre라는 변수를 삽입하여, 키가 눌린 횟수를 저장하도록 한다.

```
1 posX = 0
2 posY = 0
3 steps = 0.001
4 keyfre = 0
```

```
1  if keyfre != len(_key_resp_allKeys):
2      if key_resp.keys == 'up':
3          posY += steps
4      if key_resp.keys == 'down':
5          posY -= steps
6      if key_resp.keys == 'left':
7          posX -= steps
8      if key_resp.keys == 'right':
9          posX += steps
10     if key_resp.keys == 'q':
11         continueRoutine = False
12     print("posX : %4.3f, posY : %4.3f" % (posX, posY))
13     keyfre += 1
```

　키보드 입력 내용은 Keyboard 컴포넌트 이름인 key_resp를 변형한 _key_resp_allKeys 변수에 리스트 항목으로 저장된다. 키 반응이 변수에 추가되면 이 변수의 길이가 달라진다. 리스트 항목 개수를 저장한 변수 keyfre와 비교하여 _key_resp_allKeys 길이가 달라졌는지를 len( ) 함수로 확인하고 〈if keyfre != len(_key_resp_allKeys):〉, 달라졌으면, 눌린 키의 종류에 따라 posX 또는 posY를 증감하는 조작이 실행되도록 한다. 그러므로 앞에서 스마일 이미지가 움직이지 않고 머무르도록 한 스페이스 키의 역할은 필요하지 않기 때문에 제거하였다. print 문은 나중에라도 posX, posY를 확인하려고 삽입한 것이므로 없어도 실행하는 데는 전혀 문제가 없다. 이중 인용 부호 안에 있는 string format인 %4.3f는 posX와 poxY가 실수(float)인데, 총 4자리를 확보하고, 그중 3자리를 소수점으로 사용하겠다는 것을 의미하는 것이다. 튜플로 제공된 posX, posY의 두 항목이 각각 string format에 맞춰 차례로 삽입된다. 만일 튜플로 제공된 항목이 문자열이라면 %s, 정수라면 %d를 쓴다. 이 형식은 C 언어에서 내려온 오랜 역사가 있으므로 인터넷에서 한번 살펴보고 점검하는 것도 권장한다(Python print format).

　그림의 최종 위치가 실험에서 얻고자 한 자료라면 저장을 해야 한다. Code 컴포넌트의 Each frame 탭에서 그림과 같이 코드를 추가한다. thisExp 변수는 PsychoPy Builder가 내부에서 사용하는 것이며 addData는 자료를 추가하는 메소드이다. Header 이름으로 'posX'와 'posY'를 사용하고 Code에서 사용한 posX, posY 변수값을 저장한다.

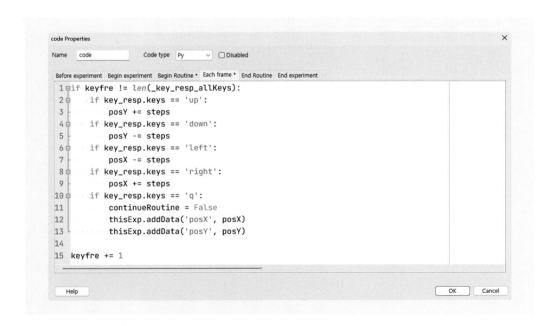

제11장

RSVP

1. Rapid Serial Visual Presentation

연속시각자극제시(Rapid Serial Visual Presentation)는 시각 정보 처리의 시간 흐름(timing)을 연구하는 방법이다. 연속적으로 시야의 특정 위치에 시각 자극을 제시하고, 특정한 자극 특성을 찾도록 하고, 정보 처리 불능 기간이 언제부터 언제까지 발생하는지를 알아보기도 한다. 이미지 자극을 연속적으로 제시하는 방법을 알아보겠다. Builder file을 새로 준비하여 photo_framing이라고 저장하고, Code, Image, Keyboard 컴포넌트를 준비한다.

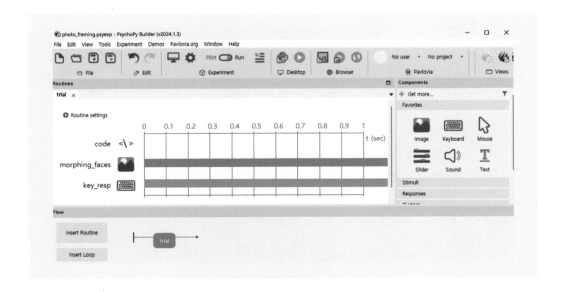

Image 컴포넌트의 Basic 탭에 끝마치는 시간을 없애 반응키를 누를 때까지 화면이 없어지지 않도록 다음과 같이 Stop 항목을 빈칸으로 둔다. Image 항목은 Code 컴포넌트에서 제공하는 사진을 변수($photo)로 받는다. 매 프레임마다 받을 수 있게 constant → set every frame으로 변경한다.

각진 사진의 테두리를 원형으로 잘라 제시하기 위해 Texture 탭에서 Mask 항목을 다음과 같이 바꿔 본다.

사진은 frame0000 ~ frame0099.jpg의 이름을 가진 100장의 사진이다.

사진이 Images라는 하위 폴더에 있다는 가정에서 Code 컴포넌트의 내용은 다음과 같이 입력한다. 매 두 frame마다 사진 번호를 하나씩 증가시켜 제시한다.

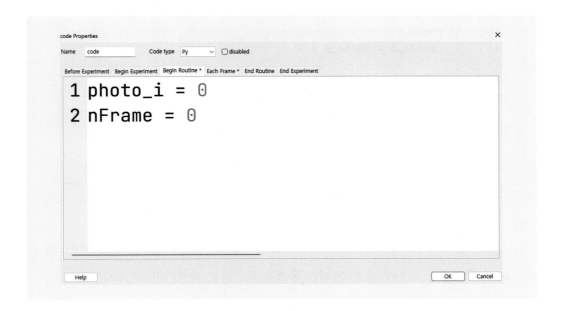

이미지 컴포넌트에서 사용되는 사진 이름 photo는 photo_i 변수에 따라 바뀌는데(첫 번째 줄), photo_i는 nFrame이 두 번 증가할 때 하나 증가한다. 왜냐하면 nframe을 2로 나눈 나머지(%, 나머지 연산자)는 0을 포함한 짝수에서만 99미만인 photo_i 변수를 하나씩 증가시키기 때문이다.

Photo 파일 이름을 정하는 형식은 10장에서 언급한 바 있다. "%⊙4d"는 4자리수를 확보하고 정수를 채운 후 나머지 빈 자리는 ⊙으로 채운다는 의미이다. 즉 0001, 0002, …… 0010, 0011 등으로 바뀐다.

사진 번호는 99 이상이 되지 않도록 if 문장으로 제한을 하였고, 프로그램을 실행하면 사진이 빠르게 바뀌고 마지막 사진에서 멈추게 된다.

2. 프레임 연속 제시 중 키 반응 받기

프레임 변화, 예를 들면, 위치가 바뀌거나, 크기가 커지거나, 화면이 바뀌는 중에 중지할 수 있는 반응키 받아내기 코드를 삽입할 수 있다. 예를 들면, 동일한 인물의 표정이 중립 표정에서 분노 또는 행복 표정으로 점진적으로 변하는데 특정 정서임이 확인되면 반응을 하도록 하는 과제를 가정할 수 있다. 초당 바뀌는 화면의 빈도인 frame/second에서 세 번째 frame마다 새로운 사진을 제시하는 Routine을 작성해 본다.

파일 이름을 photo_framing_Stop.psyexp라고 새로 저장한다. 시행은 스페이스 키를 누르면 사진 제시가 시작되도록 하고, 특정 정서임이 확인될 때 스페이스 키를 떼는 반응을 하도록 하겠다.

　　키를 누르기도 전에 뗄 수는 없으므로 Text 컴포넌트를 이용하여, "준비"라는 문구가 화면에 나오도록 하고, Keyboard 컴포넌트는 스페이스 키를 누를 때까지 기다리는 prepare 루틴을 별도로 만든다.

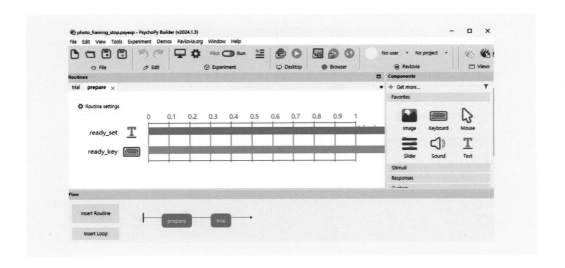

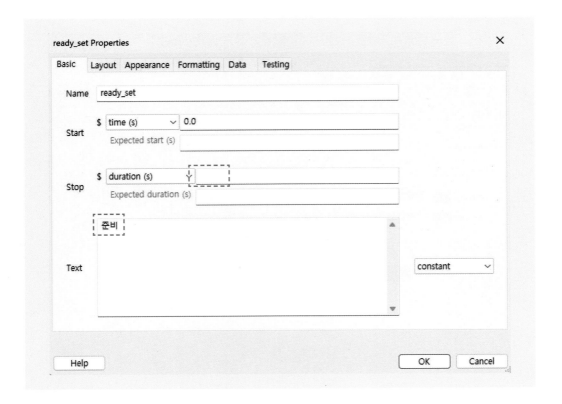

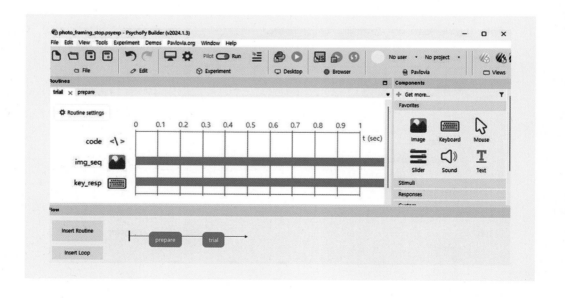

다음은 trial 루틴에 삽입될 컴포넌트들이다.

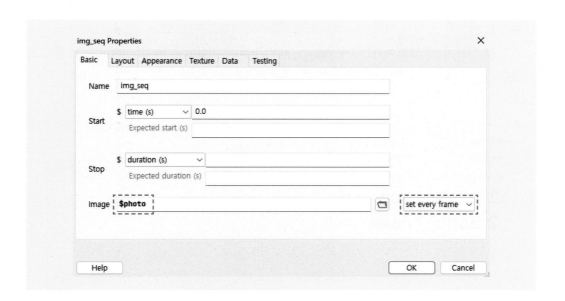

반응키를 눌러도 Routine이 끝나지 않도록 key_resp 속성에 Force end of Routine을 uncheck한다. 그리고 앞의 prepare Routine에서 키를 눌러서 사진이 제시되도록 했으므로, 누른 키를 뗄 때 반응이 기록되도록 해야 하므로 Register keypress on…항목의 press를 release로 바꾼다.

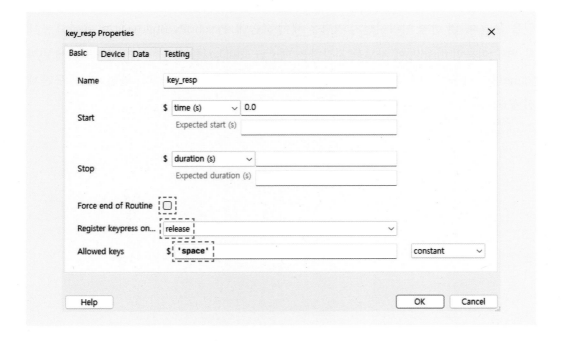

코드는 다음과 같이 입력한다.

루틴이 시작할 때 코드이다. 변수 photo_num과 accu_frame을 Begin Routine 탭에서 초기화한다.

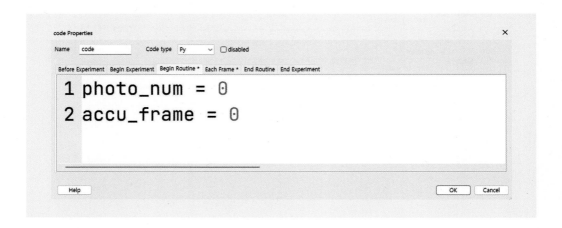

누적된 프레임 횟수는 accu_frame 변수에 할당된다. 3으로 나눈 나머지가 0이고, photo_num이 99일 때 photo_num이 하나 증가하도록 되어 있다(코드 2~3번째 줄). 프레임마다 accu_frame 변수는 하나씩 증가한다. 만일 Space 키가 눌리면 Builder에서 사용하는 변수인 continueRoutine을 False로 바꿔, 현재 실행되는 Routine이 끝나도록 만든다. 그리고 루틴을 끝낼 때 몇 번째 이미지인지 저장을 해야 하는데, PsychoPy Builder의 현 프로그램 내부 변수 이름인 thisExp에 자료를 저장하는 메소드 addData를 사용한다(10번째 줄). 세 번째 frame마다 다음 사진으로 바뀌도록 나머지 연산자에서 3을 사용하였다. 만일 4로 바꾸면 네 번째 frame마다 사진이 바뀐다.

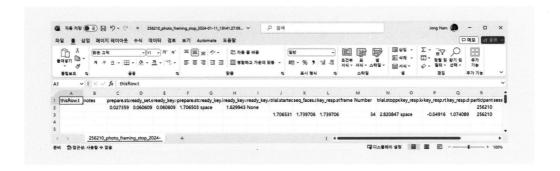

```
code Properties                                                          ×

Name    code           Code type  Py    ∨    ☐ Disabled

Before experiment  Begin experiment  Begin Routine *  Each frame *  End Routine  End experiment

 1  photo = "images/frame%04d.jpg" % (photo_num)
 2
 3  if accu_frame % 3 == 0 and photo_num < 99:
 4      photo_num += 1
 5
 6  accu_frame += 1
 7
 8  if key_resp.keys == 'space':
 9      continueRoutine = False
10      thisExp.addData('frame Number', photo_num)



       Help                                             OK      Cancel
```

실행을 한 후 생성된 결과 파일이다. 'frame Number'라는 열이 있고, 34라는 숫자가 있다. 즉 34번째 사진에서 반응이 있었다는 것이다. 물론 지각하고 반응하는 시간 차이가 있어서 아마도 몇 장 앞 사진에서 반응을 했을 수도 있다. 실질적으로는 이런 차이는 매 시행에서 일정하다고 가정하고 분석한다.

3. Attentional Blink

주의 깜빡임(Attentional Blink)은 시각 주의를 배분하는 능력의 시간적 한계를 반영하는 현상이다. 사람이 연이어 나오는 두 개의 시각 자극을 파악해야 할 때, 두 번째 자극이 첫 번째에 이어 0.2~0.5초 내에 제시되면 두 번째 자극에 대한 파악 정도가 현저히 떨어진다. 이 현상은 Rapid Serial Visual Presentation(RSVP) 과제를 이용하여 측정할 수 있다. 일정한 간격으로 제시되는 자극들 사이에서 탐색해야 할 자극 두 개의 간격을 다양하게 하여 탐색이 되는 시간 간격을 찾을 수 있다.

주의 깜빡임 현상을 낱자와 특수 문자로 구현해 보도록 하겠다. 한 시행에서 제시될 낱자들을 리스트(List)로 구성하고 인덱스(index)로 리스트 항목을 접근하도록 하겠다.

컨디션 파일을 Excel을 이용하여 준비한다. 제시될 항목들을 ordered_item열에 순서대로 입력하여 리스트로 구성한다.

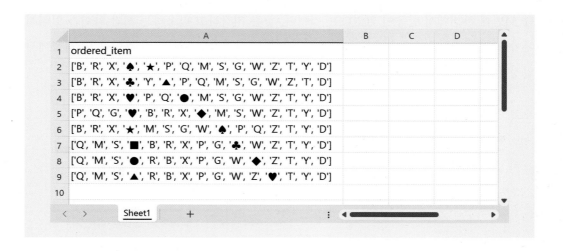

Builder file을 새로 준비하여 rsvp라고 저장하고, Code, Text, Slider 컴포넌트를 준비한다.

Code를 사용하여 화면에 제시할 변수 letter에 낱자를 배정한다. 기호를 제시하므로 Font를 바탕(Batang)으로 사용한다. 폰트 높이(height)는 0.2로 지정한다.

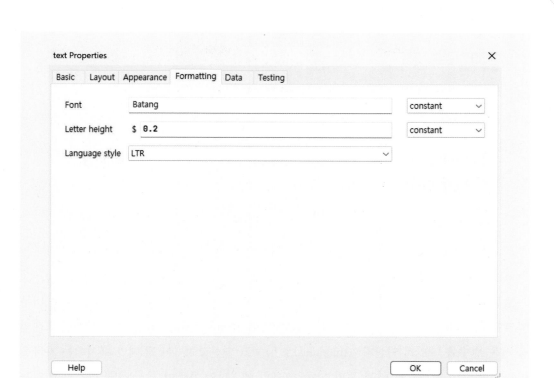

Code를 준비하여 Begin Routine 탭에서 다음과 같이 입력한다. 여기서 주목할 부분은 이번 시행에 필요한 정보를 담고 있는 변수 thisTrial이다. 이는 Python의 Dictionary 자료형으로 조건 파일에서 읽어 온 각 시행 정보를 담고 있는데, key는 컨디션 파일에 있는 모든 Header 컬럼명으로 구성되어 있다. ordered_item열에 보여 줄 자극 세트가 입력되어 있으므로 thisTrial[1]['ordered_item']이 그 시행에서 제시할 리스트이다. 이 리스트 내용을 변수 letters에 배정한다. 그리고 이 리스트의 각 항목들은 인덱스 변수 i로 접근해서 차례차례 변수 letter에 배정한다.

---

1 조건 파일을 읽어 들이는 첫 번째 루프에서는 thisTrial이고, 만일 두 번째 루프라면 thisTrial_2를 써야 한다. 마찬가지로 세 번째 루프라면 thisTrial_3이다.

```
code Properties                                                    ✕

Name   code        Code type  Py   ▼  ☐disabled

Before Experiment  Begin Experiment  Begin Routine *  Each Frame *  End Routine  End Experiment

1 f = 0
2 i = 0
3 letters = thisTrial['ordered_item']
4 letter = ''

Help                                              OK     Cancel
```

보통 모니터의 화면 주사율은 60Hz이다. 즉, 초당 60개의 프레임이 제시된다.[2] 이는 너무 빠르게 제시되는 상황인데, 이를 매 10 프레임마다(167ms) 자극을 바꿔 주고자 하면 프레임을 세는 변수를 나머지 연산자 %(modulus)로 나누고 연산값이 0이 될 때만 제시되는 자극을 리스트의 다음 항목으로 바꿔 주면 1초(60프레임)에 6개의 자극이 제시된다. 리스트에 있는 자극의 개수는 15개이므로 증가된 index가 15가 되면 루틴을 끝내도록 한다.

```
code Properties                                                    ✕

Name   code        Code type  Py   ▼  ☐disabled

Before Experiment  Begin Experiment  Begin Routine *  Each Frame *  End Routine  End Experiment

1 if f % 10 == 0:
2     if i < 15:
3         letter = letters[i]
4         i += 1
5     else:
6         continueRoutine = False
7
8 f += 1

Help                                              OK     Cancel
```

---

2 모니터 주사율과 프레임(frame)에 관한 설명은 부록 B에 있다.

Text 컴포넌트 항목인 Text는 ordered_item에 있는 각 리스트의 항목이다. Each Frame 탭의 Code 세 번째 줄에서 리스트 항목 하나씩 변수 letter로 담아내고 있으며, 이것을 화면에 제시하려는 것이 stim_item Text 컴포넌트다. 제시할 자극의 개수는 15이고, 초당 6개씩 제시하므로 2.5초가 소요된다. 일반적으로 Basic 탭의 Stop 항목이 비어 있으면, 무한정 자극을 제시하지만, 여기에는 루틴을 끝내는 Code(여섯 번째 줄)가 있으므로 루틴은 15번째 자극 철자의 제시가 끝나면 바로 종료한다.

letter가 제시되는 Text 컴포넌트를 준비한다.

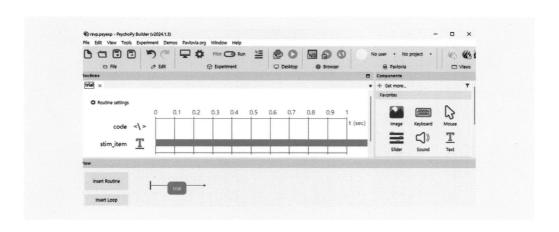

반응을 받는 루틴을 별도로 만들고, Slider 컴포넌트로 받아 보도록 한다. 반응 시간을 측정하지 않고 여러 자극들 중 선택할 수 있는 자극 재인 방법이 적합할 수 있다. 우선 get_Resp라는 이름으로 루틴을 만든다. 그리고 Slider 컴포넌트를 삽입한다.

Granularity는 0에서 1로 변경했다. Labels는 반응으로 선택할 수 있는 도형이 scale 각 마디에 제시되도록 삽입한다.

Layout에서는 scale 크기를 (0.6, 0.05)로 수정하였다.

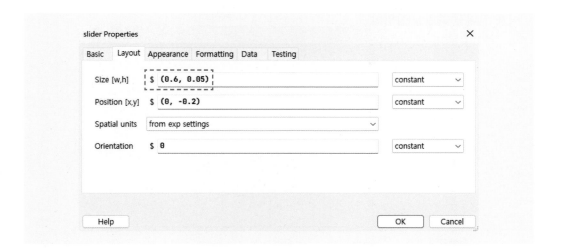

Formatting 탭에서 Font를 Batang(바탕체)으로 바꾸고, 높이도 0.05로 바꾼다.

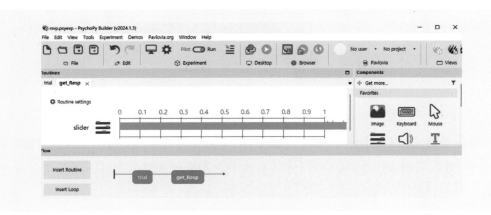

이제 컨디션 파일을 삽입할 수 있도록 Loop를 넣어 준다.

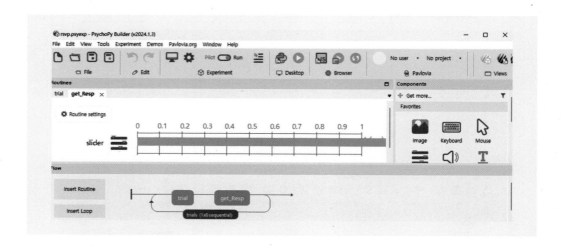

실행을 하면, 첫 기호가 나타난 후 두 번째 제시되는 도형이 무엇인지 확인하여 답변하도록 하면, 짧은 간격(200~500ms) 내에서는 우연 수준 정도의 수행이 된다는 것을 관찰할 수 있다.

제**12**장

Joystick

1. 조이스틱의 스틱 활용

조이스틱은 윈도우 10 또는 11에서는 별도의 driver 설치 없이 USB port에 꽂기만 하면 인식을 한다. 이것이 제대로 작동을 하는지 확인하는 방법은 Coder에 있는 Demo program 을 사용하면 쉽게 알 수 있다. 다음 그림과 같이 Demos 메뉴의 input 목록을 찾아가서 joystick_universal.py를 불러들인다.

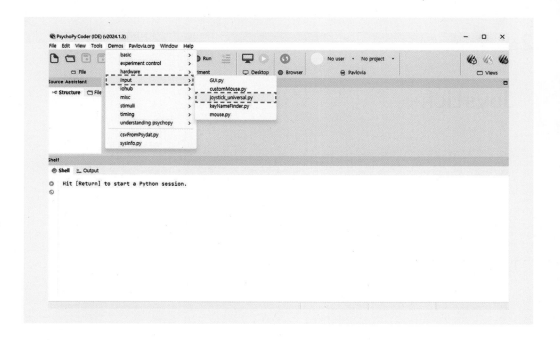

Coder 창에서 play 아이콘을 눌러 실행을 했을 때, 에러가 발생하면(You don't have a joystick connected!?), 조이스틱이 연결되지 않은 것이다.

만일 화면에 줄무늬가 나오면 joystick을 컴퓨터가 인식한 것이다. 조이스틱을 움직이면 줄무늬(Gabor patch) 위치가 바뀌고, 버튼을 누르면 색을 바꾸기도 한다.

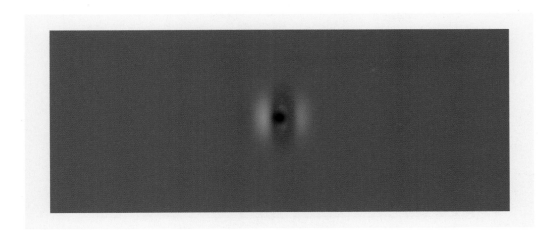

조이스틱은 Builder에서는 Response 그룹에 있는 Joystick 컴포넌트를 사용한다.

New → Save as를 선택하고 joystick 이름으로 저장한다.

이미지 파일을 예전에 사용한 smile.png를 복사해서 같은 폴더로 옮겨 놓는다. 그리고 이미지 컴포넌트를 추가한다.

조이스틱의 움직임을 이미지의 움직임과 연동하기 위해 Position [x, y]에 조이스틱 위치 좌표를 얻을 수 있는 메소드 함수[joystick.getX( ), joystick.getY( )]를 넣는다. "joystick" 이름은 Joystick 컴포넌트의 Name 항목에 있는 것과 같다.

조이스틱 좌표를 화면에서 확인할 수 있다. 좌표 위치를 변수로 만들어 화면에 출력할 수 있게 하는 Text 컴포넌트와 그 변수값을 만들어 주는 Code 컴포넌트이다.

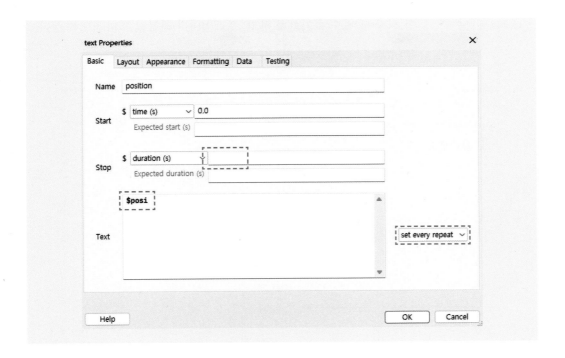

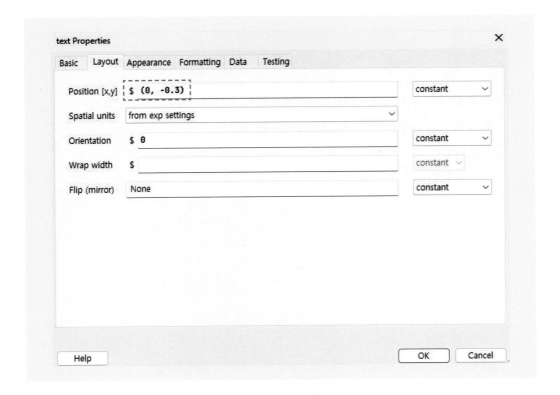

Code 내용이다. 실험 시작 때 변수 초기화를 하고, 프레임마다 좌표값이 바뀌도록 한다.

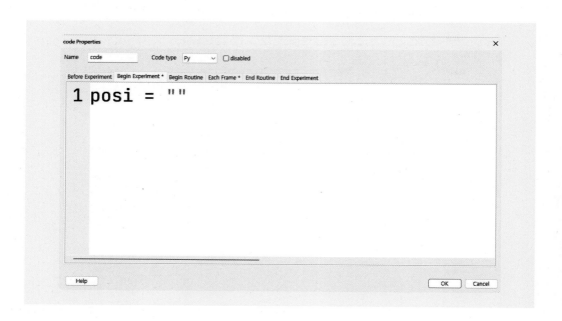

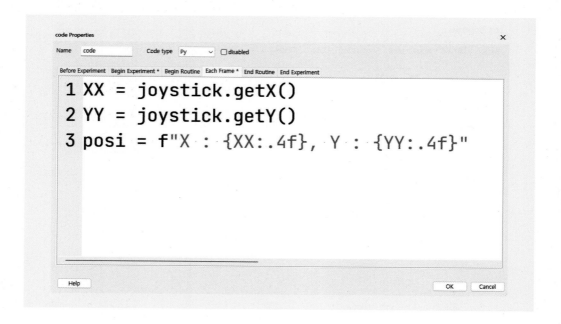

세 번째 줄은 Python f_string 포맷이다. 중괄호({ }) 안에 변수를 담고 있으며 .4f는 실수값을 넷째 자릿수까지 보여 준다.

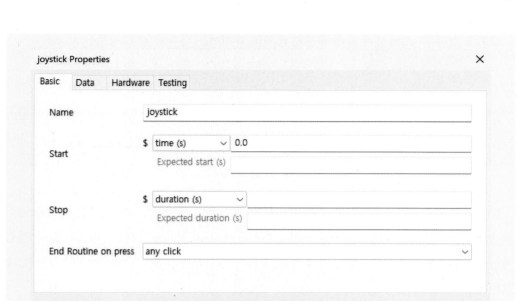

조이스틱 컴포넌트는 기본 옵션으로 조이스틱은 자유롭게 움직일 수 있으며, 버튼을 누르면 루틴이 종료하도록 되어 있다.

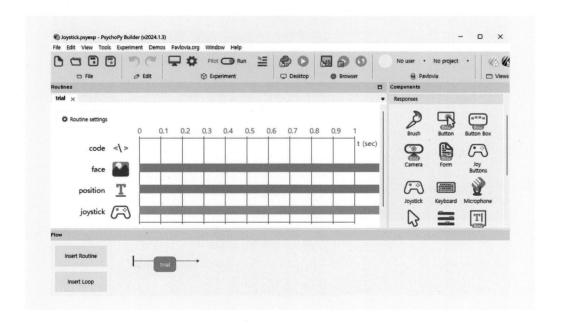

그리고 실행 후 data 하위 폴더에 생성된 결과 파일에는 다음과 같은 정보를 제공한다.

joystick.x와 joystick.y 컬럼은 루틴을 종료할 때의 좌표값이다. 그리고 어떤 버튼을 눌러서 루틴이 종료되었는지는 joystick.button_0부터 joystick.button_12까지 번호가 있는 컬럼에서 1로 입력된 버튼이다. 실행 중에 누른 버튼이 여기서는 joystick.button_7인 것으로 확인된다.

조이스틱은 스틱의 민감도와 안정성에 따라 성능과 구입 가격이 다양하다. 스틱이 움직인 방향만 중요한 측정치라면 선택의 폭이 넓지만, 스틱이 만드는 좌표값이 중요한 측정치라면 가격이 비싸더라도 원하는 목적에 맞는 제품을 구입해야 한다.

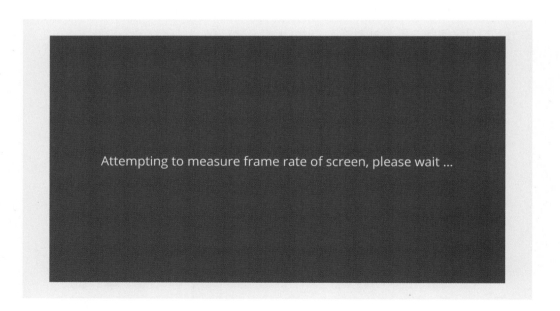

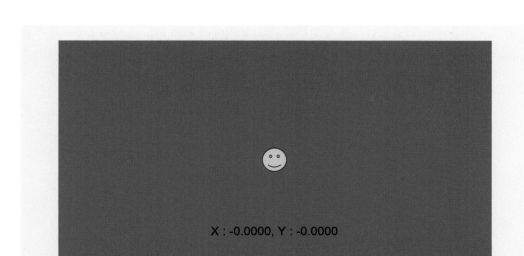

2. 조이스틱의 버튼 활용

제10장에서 키보드를 눌러 스마일 위치를 움직였던 프로그램을, 조이스틱 컴포넌트를 이용하여 같은 동작을 하도록 만들어 본다. 그리고 루틴을 종료하는 방법으로 마침(이미지) 컴포넌트를 마우스로 클릭했었는데, 조이스틱 버튼을 누르는 것으로 변경한다.

조이스틱의 버튼 번호 배열은 다음 그림과 같다. 이 중 일부 버튼을 그림을 움직이는 방향키 대신 사용한다.

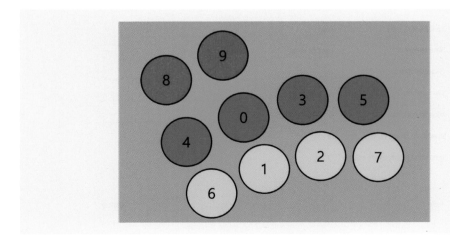

제일 먼저 Joystick 컴포넌트를 삽입한다. Basic 탭에서 End Routine on press 항목을 never로 변경한다.

허용되는 버튼(Allowed buttons)에 0, 1, 2, 6, 9를 입력한다. 지정된 번호의 버튼만을 사용하려고 한다. 0번 버튼은 up, 1번 버튼은 down, 2번 버튼은 right, 6번 버튼은 left이다. 9번 버튼은 루틴 종료에 사용한다.

Code 컴포넌트를 삽입하고, 각 코드 탭에 조이스틱 버튼을 받을 수 있도록 입력한다.
Begin Routine 탭이다. 위치 변수와 증감 변수를 초기화한다.

code Properties

Name code   Code type Py ▾ ☐ disabled

Before Experiment Begin Experiment Begin Routine * Each Frame * End Routine End Experiment

```
1 posX = 0
2 posY = 0
3 steps = 0.001
```

Help   OK   Cancel

Each Frame 탭이다. 각 버튼 입력에 따라 위치 변수 posX, posY에 증감이 발생한다.

code Properties

Name code   Code type Py ▾ ☐ Disabled

Before experiment Begin experiment Begin Routine Each frame * End Routine End experiment

```
 1 if joystick.device.getButton(0):
 2     posY += steps
 3 if joystick.device.getButton(1):
 4     posY -= steps
 5 if joystick.device.getButton(2):
 6     posX += steps
 7 if joystick.device.getButton(6):
 8     posX -= steps
 9 if joystick.device.getButton(9):
10     continueRoutine = False
```

Help   OK   Cancel

스마일 이미지를 움직이는 대상 이미지로 사용한다. 이미지 컴포넌트를 삽입하고 Basic 탭과 Layout 탭을 수정한다.

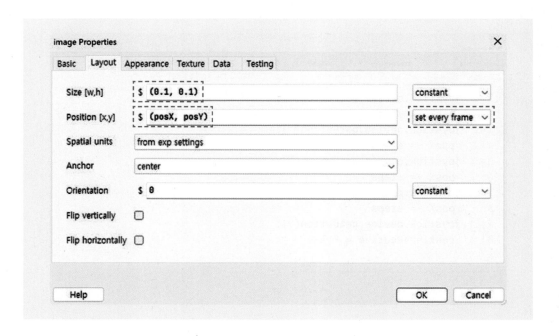

지금까지의 시간선이다.

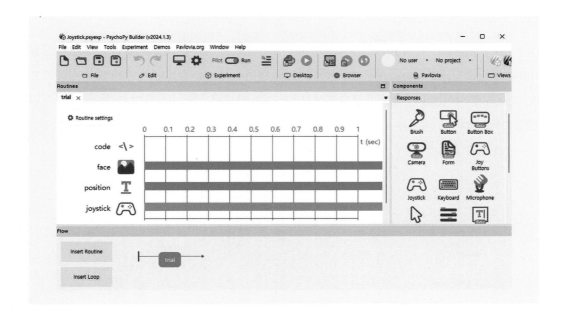

실행을 하면, 키보드 입력으로 움직이게 했던 동작을 볼 수 있다.

3. 조이버튼의 버튼 활용

버튼만 사용하는 위의 예제는 Joy Buttons 컴포넌트를 사용해서도 작업이 가능하다. Joy Buttons 컴포넌트의 Basic 탭은 동일하고 Data 탭이 Joystick 컴포넌트에 비해서 상대적으로 간단하게 되어 있다. 이전 프로그램에서 Joystick 컴포넌트를 제거하고 JoyButton 컴포넌트를 선택한다. 버튼을 누르면 끝나게 되어 있으므로 Force end of Routine의 checkbox를 uncheck한다.

Code 컴포넌트의 Each Frame 탭에서 Joy Buttons 컴포넌트의 이름(button_resp)을 확인하고 다음과 같이 입력하면 이전의 프로그램과 동일하게 작동한다.

```
code Properties                                                              ×

Name    code          Code type  Py  ▼  □ Disabled

Before experiment  Begin experiment  Begin Routine *  Each frame *  End Routine  End experiment

1  if button_resp.device.getButton(6):
2      posX -= step
3  if button_resp.device.getButton(7):
4      posX += step
5  if button_resp.device.getButton(8):
6      posY += step
7  if button_resp.device.getButton(9):
8      posY -= step
9  if button_resp.device.getButton(0):
10     continueRoutine = False


    Help                                                    OK      Cancel
```

Joy Buttons 컴포넌트의 특징은 키보드 대신 반응을 받을 수 있다는 점이다. 그동안 사용했던 변수명 corrAns에 'z', 'slash' 대신 버튼번호(예: 1, 2)를 입력해서 조건 파일을 작성하고, 조이버튼 컴포넌트 Data 탭을 다음과 같이 변경하면, 조이스틱 버튼을 키보드 대신 반응 패드로 활용할 수 있다.

Force end of Routine의 checkbox는 기본적으로 check되어 있어야 조이버튼 반응으로 루틴을 끝낼 수 있다.

Store correct 항목을 check하고 Correct answer 항목에 조건 파일 Header 이름을 연결시킨다. 조건 파일의 corrAns 옆에 0, 1을 배정하면 조이버튼을 사용해 키보드 반응을 대신해서 실험을 수행할 수 있다.

제13장

있지만 안 보이는 자극: 심적 회전 revised

정상 R 이미지를 좌우 반전하는 트릭을 이용하여 제작한 심적 회전 실험 프로그램은 잘 작동한다. 좌우 반전하는 조작은 원래 기본 선택으로 준비되어 있다. 이미지에서는 Flip Vertical, Flip Horizon 체크 마크가 있다. 그런데 이 조작 항목들은 실험 중에 바꿀 수 있는 옵션이 없다. 한번 지정되면 실험 내내 같은 조작이 변경 없이 적용된다. 그리고 Text 컴포넌트는 Layout 탭에서 x축 반전이 가능한 Flip(mirror) 항목이 있으며, 이를 시행마다 변경할 수 있는 것처럼 보인다. 실제로는 일단 좌우 반전이나 상하 반전을 하면 반전하지 않은 형태로 다시 되돌릴 수가 없다. 따라서 이 항목을 이용하면서 Builder만으로 심적 회전 실험 프로그램을 작성하는 것은 불가능할 것처럼 보인다. 그렇지만 발상을 전환하여 이 조작을 사용하면서도 심적 회전 실험을 만드는 방법이 있다.

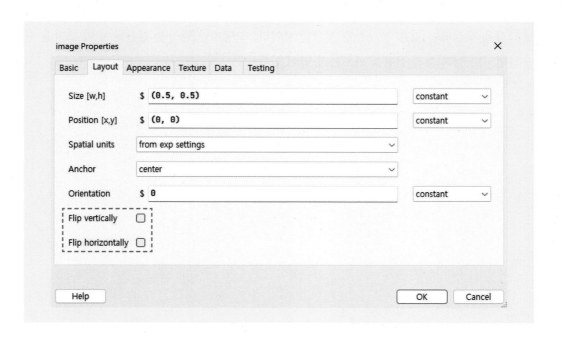

Text 컴포넌트 Appearance 탭의 항목 중에 Opacity가 있다. 기본값은 아예 없는데, 이것이 0이 되면 글자를 제시했어도 화면에는 마치 없는 것으로 보인다. 이를 심적 회전 실험에서 다음과 같이 이용할 수 있다. 우선 두 개의 Text 컴포넌트가 동일한 위치(중앙)에 각각 거울상 R과 정상상 R을 제시한다. 그리고 한 Text 컴포넌트의 Opacity가 1이고(예: 정상 R) 다른 Text 컴포넌트의 Opacity는 0이면(예: 거울상 R), 화면에는 정상 R만 볼 수 있다. 그 반대로 0과 1의 값을 바꾸면, 화면에는 거울상 R만 볼 수 있다. Opacity 값을 연동해서 조작하면 관찰자는 한 번에 하나의 자극만 화면에서 볼 수 있다.

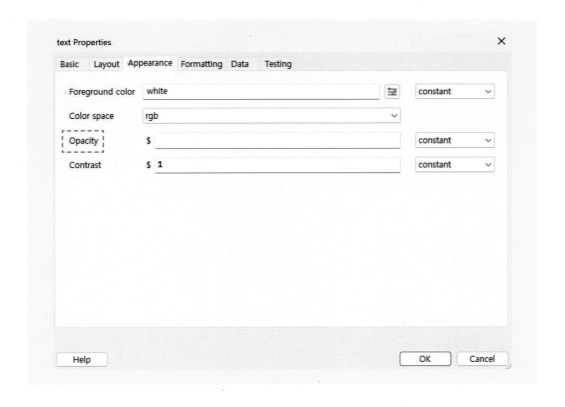

여기서는 이런 방식을 적용하는 trial 루틴과 루프를 만들어 보겠다.

먼저 초점과 경고음 부분을 넣는다. 다음은 normal_R Text 컴포넌트를 준비한다(제3장 참조).

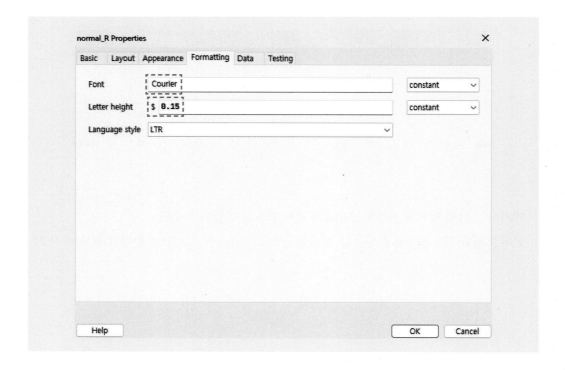

간결한 알파벳을 제시하기 위해서 폰트를 Courier로 한다.

다음은 mirror_R Text 컴포넌트를 준비한다.

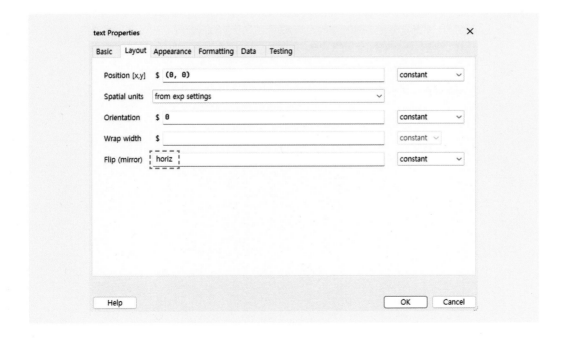

알파벳 R을 좌우 반전하기 위해서 Layout 탭의 Flip 속성을 horiz로 바꾼다.

Appearance 탭에서 Opacity 항목에 0을 넣는다. 일단 거울상 R이 보이지 않도록 하고 검사해 본다.

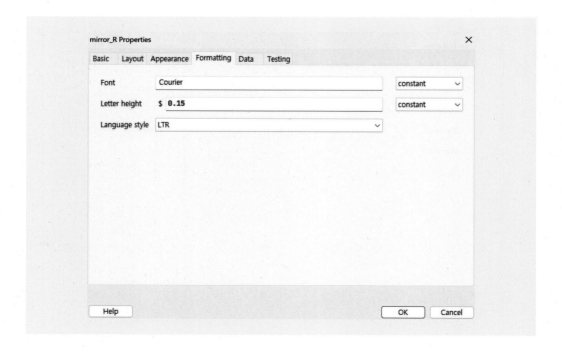

Keyboard 컴포넌트를 삽입한다.

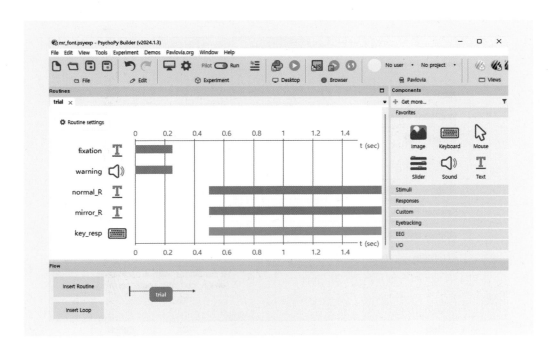

실행을 할 때, Opacity 값을 모두 1로 했을 경우에는 겹친 글자가, 어느 하나를 1로 하면 그 글자만, 둘 다 0으로 하면 아무 글자도 없는 빈 화면이 제시된다. 이런 조합을 조건 파일로 만든다.

	A	B	C	D	E	F	G	H	I
1	opa_R	opa_mR	angle	corrAns					
2	1	0	0	slash					
3	1	0	60	slash					
4	1	0	120	slash					
5	1	0	180	slash					
6	1	0	240	slash					
7	1	0	300	slash					
8	0	1	0	z					
9	0	1	60	z					
10	0	1	120	z					
11	0	1	180	z					
12	0	1	240	z					
13	0	1	300	z					
14									

이 조건 파일을 루프로 결합을 시킨다.

Loop Properties

Name: trials
loopType: sequential
Is trials: ☑

nReps: $ 1
Selected rows:
random seed: $
Conditions: mr_font_cond.xlsx

12 conditions, with 4 parameters [opa_R, opa_mR, angle, corrAns]

Help   OK   Cancel

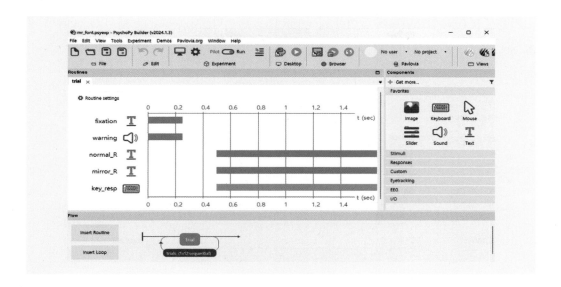

다음은 조건 파일의 각 Header를 컴포넌트 속성 항목과 결합시킨다.

정상상 R Text 컴포넌트에 들어갈 opa_R Header이다. Appearance 탭의 Opacity에 넣고, set every repeat로 바꾼다.

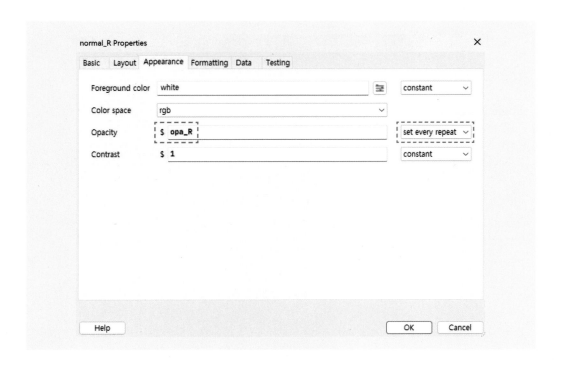

거울상 R Text 컴포넌트에 들어갈 opa_mR Header이다. Appearance 탭의 Opacity에 넣고, set every repeat로 바꾼다.

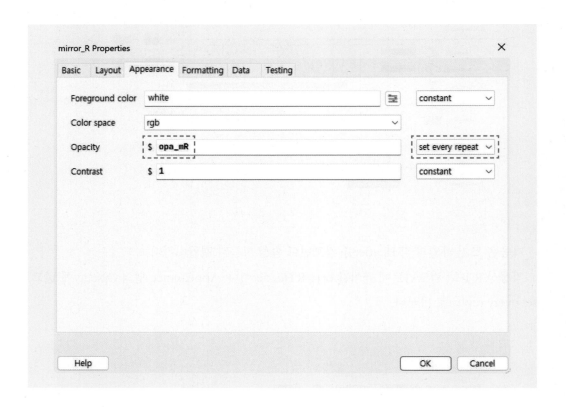

angle Header는 두 Text 컴포넌트에 공통으로 적용된다.

mormal_R Properties ✕

| Basic | Layout | Appearance | Formatting | Data | Testing |

Position [x,y]	$ (0, 0)		constant ⌄
Spatial units	from exp settings ⌄	
Orientation	$ angle		set every repeat ⌄
Wrap width	$		constant ⌄
Flip (mirror)	None		constant ⌄

Help   OK   Cancel

---

mormal_R Properties ✕

| Basic | Layout | Appearance | Formatting | Data | Testing |

Position [x,y]	$ (0, 0)		constant ⌄
Spatial units	from exp settings ⌄	
Orientation	$ angle		set every repeat ⌄
Wrap width	$		constant ⌄
Flip (mirror)	horiz		constant ⌄

Help   OK   Cancel

Keyboard 컴포넌트에 해당되는 corrAns이다. 먼저 반응에 할당되는 키를 정하고, Header 를 연결한다.

실행을 하면, 조건 파일의 순서대로 R이 회전되고 반전되어 제시된다. 이 부분을 루틴 복사·붙이기 방법으로 앞에 작성한 프로그램의 trial 루틴과 대체하면 이미지 컴포넌트가 아닌 Text 컴포넌트를 이용한 심적 회전 실험 프로그램이 된다.

제**14**장

Builder가 생성한 자료 분석

Builder는 작성된 프로그램을 실행하면, 기본 선택으로 실험 프로그램이 실행된 폴더에 data라는 하위 폴더를 만든다. 이 하위 폴더에 살펴보면 실험 프로그램이 실행될 때마다 만들어 주는 세 종류의 결과 파일이 있는데, 각 형식의 data 확장명은 csv, log, psydat이다. 이 중 실험 자료를 담고 있는 파일은 csv와 psydat 두 가지인데, csv 파일은 comma separated value라는 형식으로 저장한 Text 파일이고, psydat 파일은 Python의 pickle 패키지가 사용하는 형식으로 저장된 것이다. Pickle 형식으로 저장된 파일은 기본적으로 파일을 읽는 것부터 Python 프로그래밍이 필요하다. 이와 동일한 자료이기도 하고, 우리가 친숙한 여러 응용프로그램을 활용하기 위해, 자료 분석에는 csv 형식을 사용하도록 한다.

1. Excel 피벗 테이블: 자극 확률 효과 자료를 이용하여

실험 자료는 피벗 테이블을 만들면 실험 결과를 분석하기 쉽다. 피벗 테이블이란 자료를 열과 행으로 관심 요인의 수준에 따라 표를 만들어 다양한 분석을 할 수 있게 해 주는 도표이다. Builder가 만든 자료를 피벗 테이블로 만들어 분석해 본다. 분석할 data는 자극 확률 효과 실험에서 얻은 것을 사용하도록 한다. 파일 탐색기에서 Stim_Probability 폴더에 있는 실험 결과 파일을 찾아서, 엑셀 프로그램이 이 파일을 열도록 한다.

	A	B	C	D	E	F	G	H	I	J	K	L
1	stimulus	corrAns	trials.thisR	trials.thisTr	trials.thisN	trials.thisln	thisRow.t	notes	trial.startec	fixation.sta	fixation.sto	stim_i
2	ㄱ	slash	0	0	0	1	0.073042		0.031029	0.073042	0.3353190!	0.50!
3		slash	0	1	1	0	1.0688593999948353		1.0536160:	1.0688593:	1.3183112:	1.552:
4	ㅗ	z	0	2	2	6	2.018427899980452		2.0029966:	2.0184278:	2.2680982:	2.501(
5	ㅎ	slash	0	3	3	3	3.6515192999504507		3.6365137:	3.6515192:	3.9018378:	4.151!
6	ㅏ	z	0	4	4	4	4.968305199989118		4.9529113:	4.9683051:	5.2183019:	5.452<
7	ㅠ	z	0	5	5	5	6.0347755999537185		6.0202788:	6.0347755:	6.2848650:	6.535<
8	ㅋ	slash	0	6	6	2	7.601474999974016		7.5869351:	7.6014749:	7.8517850:	8.101!
9		slash	1	0	7	1	8.685315099952277		8.6698920:	8.6853150:	8.9350904:	9.184!
10	ㄱ	slash	1	1	8	0	9.801633		9.786328	9.801633	10.051559:	10.28<
11	ㅗ	z	1	2	9	6	10.851647899951786		10.836301	10.851647:	11.101346:	11.33!
12	ㅠ	z	1	3	10	5	11.96805799996946		11.953355:	11.968057:	12.218362:	12.46(

< > | 640338_Stimulus_Probability_202 | + |

엑셀 프로그램은 이 파일을 열면서 다음과 같은 메시지를 주는데, 이때 변환한다고 클릭한다. 변환을 하지 않으면, 자료형에 문제가 생기면서 이유를 파악하기 어려운 오류를 만난경험이 있었다.

결과 파일에는 상당히 많은 열이 있는데, 루틴이 시작한 시간, 컴포넌트가 시작한 시간, 끝난 시간 등 시행을 진행하면서 기록한 자세한 시간 정보를 제공하고 있다. 우리의 자료 분석에서 중요한 역할을 하는 열은 조건 파일에 있었던 stimulus, corrAns, 그리고 실험 실행으로 얻은 key_resp.corr, key_resp.rt 이다.

자료를 읽은 후 Excel 주 메뉴에서 삽입을 클릭하면 피벗 테이블 아이콘이 나온다.

피벗 테이블을 클릭한다.

테이블/범위에서(T)를 선택한다.

확인을 클릭한다.

새로운 워크시트가 열리고, 오른쪽에 피벗 테이블 필드가 보이게 된다.

세 개의 필드를 그림과 같이 영역으로 끌어 놓는다. 그러면 왼쪽 데이터 영역에 피벗 테이블이 생긴다.

피벗 테이블 필드의 값 영역은 현재 "합계: key_resp.rt"라고 되어 있다. 갈매기 표시(∨)를 누르면 값 필드 설정 옵션이 나타나는데, 이때 나오는 여러 선택 중 개수를 선택한다.

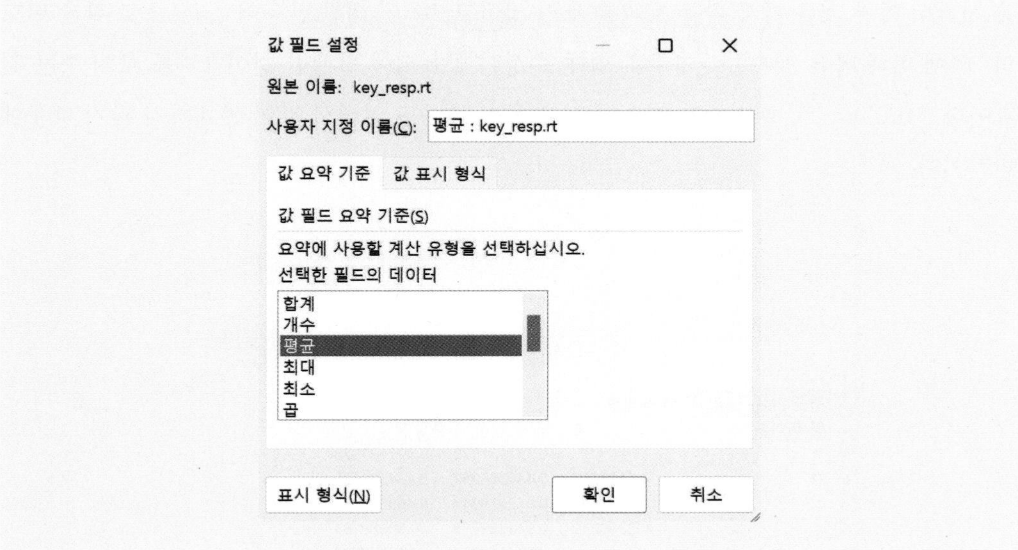

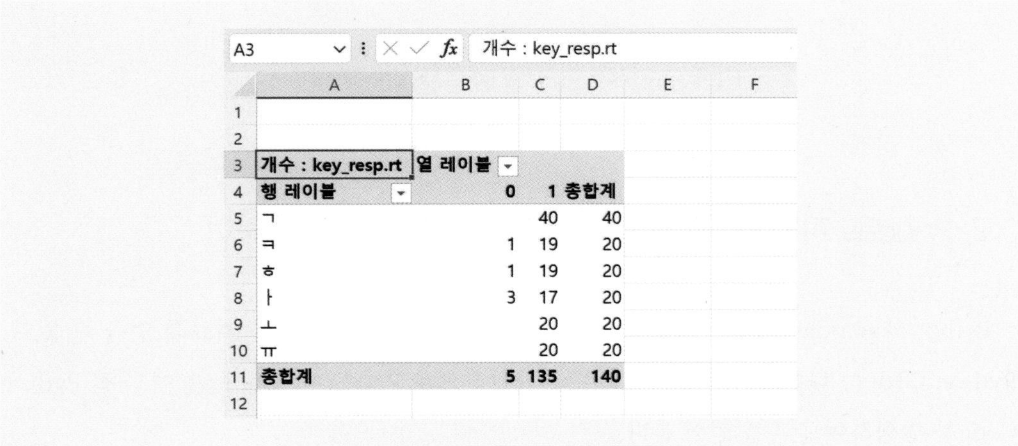

A3 | 개수 : key_resp.rt

	A	B	C	D
3	개수 : key_resp.rt	열 레이블		
4	행 레이블	0	1	총합계
5	ㄱ		40	40
6	ㅋ	1	19	20
7	ㅎ	1	19	20
8	ㅏ	3	17	20
9	ㅗ		20	20
10	ㅠ		20	20
11	총합계	5	135	140

그림에는 관찰된 개수를 알려 주고 있는데, 우리가 집중하는 자료는 옳은 반응을 한 결과이다. 열 레이블인 key_resp.corr의 값이 1인 열이 옳은 반응을 한 자료이다. 그림에서 실험 시행

수가 140회인 것, 그리고 각 자극에 따른 틀린 반응의 개수와 맞은 반응의 개수를 알 수 있다.

이제 옳은 반응을 한 결과에서 각 자극에 대한 평균 반응 시간을 알아본다. 값 필드 설정에서 평균을 선택한다.

다음과 같이 각 자극에 대한 평균 반응 시간을 보여 준다. 우리가 원하는 옳은 반응의 평균시간을 알 수 있다. 두 배 자주 제시된 'ㄱ'에 대한 반응이 0.397초로 다른 자극에 비해 반응 시간이 빠른 것은 자극 확률 효과를 보인 것이고, 'ㅋ'에 대한 반응이 0.446초로 같은 빈도의 'ㅎ'에 비해 빠른 것은 'ㄱ' 자극과 형태 속성이 공유되어 발생한 전이효과를 보여 주는 결과이다. 'ㄱ', 'ㄴ', 'ㅠ' 행의 0인 열은 틀린 반응이 하나도 없어서 값이 존재하지 않기 때문에 빈칸이다.

	A3		fx	평균 : key_resp.rt	
	A	B	C	D	E	F
1						
2						
3	평균 : key_resp.rt	열 레이블 ▾				
4	행 레이블 ▾	0	1	총합계		
5	ㄱ		0.397181578	0.397181578		
6	ㅋ	0.4106688	0.446304932	0.444523125		
7	ㅎ	0.4221324	0.472079847	0.469582475		
8	ㅏ	0.402280233	0.521829735	0.50389731		
9	ㅗ		0.46210034	0.46210034		
10	ㅠ		0.47776612	0.47776612		
11	총합계	0.40792838	0.451888953	0.450318932		
12						
13						

2. Pandas 피벗 테이블: 자극 확률 효과 자료를 이용하여

Python의 pandas 모듈을 사용해서 앞의 분석과 같은 피벗 테이블 자료를 얻을 수 있다. Python Code는 다른 컴퓨터 언어에 비해 간단하므로 PsychoPy Coder 창에 직접 Python Code를 입력하여 결과를 얻어 본다.

Coder 창을 연다. 만일 보이지 않으면 PsychoPy Builder 또는 Runner 메인 메뉴에서 Window를 선택하면 다음 메뉴와 유사한 내용이 나오는데 Show Coder를 선택하면 Coder 창이 나온다.

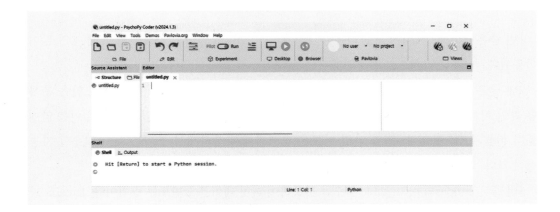

new → Save as를 선택하여 실험 프로그램이 있는 Stim_Probability 폴더에 prob_analysis 라는 이름으로 저장한다. 확장명은 자동으로 .py가 붙는다.

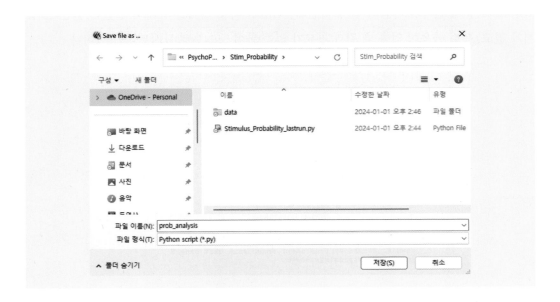

그리고 다음과 같이 코드를 입력한다. 명령어에 대한 설명은 아주 간략하게 하고 넘어가도록 하겠다. 줄 번호는 자동으로 생성되므로 별도로 입력하지 않는다.

```python
import pandas as pd
df = pd.read_csv('data/880672_Stimulus_Probability_2024-01-01_14h44.31.641.csv')
out = df.pivot_table(index='stimulus', columns='key_resp.corr', values='key_resp.rt', aggfunc='mean')
print(out)
```

1번 줄은 pandas 패키지를 불러온다. Pandas는 Python 언어로 자료처리할 때 제일 많이 이용된다. pd라는 약칭으로 사용하겠다는 예약어 as를 사용하였다.

2번 줄은 CSV 형식의 파일을 읽어서 변수 df 이름에 할당한다는 뜻이다. 괄호 안은 분석할 파일 이름을 인용부호를 붙여 입력한다. 파일이 Data 하위 폴더에 있어서 파일 이름 앞에 폴더 이름과 /를 붙였다. 결과 파일 이름은 탐색기에서 복사해서 붙이는 것이 실수할 가능성이 적다.

3번 줄은 pandas의 pivot_table 함수를 사용하여 피벗 테이블을 만드는 방법이다. Excel로 만들었을 때 사용했던 변수들을 함수 파라미터 각 위치에 담아 주기만 하면 된다. stimulus는 행(index)으로, key_resp.corr은 열(columns)로, key_resp.rt는 값(values)을 평균으로 계산하도록 (aggfunc=mean) 매개변수들을 배정하여 피벗 테이블 함수를 부르고, 이를 변수 out에 담는다.

4번 줄은 변수 out을 출력한다.

Runner 창에 결과가 다음과 같이 나온다. 엑셀의 피벗 테이블과 차이가 있는 점은 총 합계가 없고, 틀린 반응이 없을 때 결과 자료가 없는 칸이 NaN으로 표시된다는 점이다.

```
⊵   Stdout

○   ############### Experiment ended with exit code 1
    [pid:19764] ###############
    ## Running: C:\Users\namjo\Dropbox\PsychoPy
    book\Stim_Probability\prob_analysis.py ##
    key_resp.corr          0          1
    stimulus
    ㄱ                    NaN   0.397182
    ㅋ               0.410669   0.446305
    ㅎ               0.422132   0.472080
    ㅏ               0.402280   0.521830
    ㅗ                    NaN   0.462100
    ㅠ                    NaN   0.477766
    ############### Experiment ended with exit code 0
    [pid:6616] ###############
```

3. Excel 피벗 테이블: 심적 회전 자료를 이용하여

심적 회전 결과 데이터를 열면 지시문과 관련된 행이 있다. 그렇지만 피벗 테이블 분석에는 별 문제가 되지 않는다.

삽입 → 피벗 테이블 → 테이블/범위에서 순서로 선택하고, 피벗 테이블 필드를 그림과 같이 채운다. 심적 회전에는 자극 확률 효과와는 달리 독립 변인 두 개가 이미 행과 열의 요인으로 자리하기 때문에 key_resp.corr은 필터 필드에 자리잡고, 맞는 반응 또는 틀린 반응을 한번에 하나씩 거르는 역할을 한다.

피벗 테이블 필드

보고서에 추가할 필드 선택:

검색

- [ ] trial.stopped
- [ ] key_resp.keys
- [x] **key_resp.corr**
- [x] **key_resp.rt**
- [ ] key_resp.duration
- [ ] feedback.started
- [ ] fb_msg.started
- [ ] fb_msg.stopped

아래 영역 사이에 필드를 끌어 놓으십시오.

▼ 필터

key_resp.corr

▥ 열

mirroring

≡ 행

angle

Σ 값

합계 : key_resp.rt

A3   fx   합계 : key_resp.rt

	A	B	C	D	E	F
1	key_resp.corr	(모두)				
2						
3	합계 : key_resp.rt	열 레이블				
4	행 레이블	-1	1	(비어 있음)	총합계	
5	0	12.8346177	11.2296688		24.0642865	
6	60	13.0372168	13.0117704		26.0489872	
7	120	15.6868759	17.9840373		33.6709132	
8	180	24.1465604	20.1346399		44.2812003	
9	240	17.6374335	13.7141735		31.351607	
10	300	13.5245411	11.6073418		25.1318829	
11	(비어 있음)					
12	총합계	96.8672454	87.6816317		184.5488771	
13						

key_resp.corr(모두)의 아래쪽 삼각형을 클릭하여 숫자 1을 선택한다. 그러면 자료들이 옳은 반응을 한 자료만을 골라 합계를 보여 준다. 그리고 key_resp.rt 값을 합계가 아닌 평균으로 바꿔 준다.

값 필드 설정(N)을 클릭하여 평균으로 변경한다.

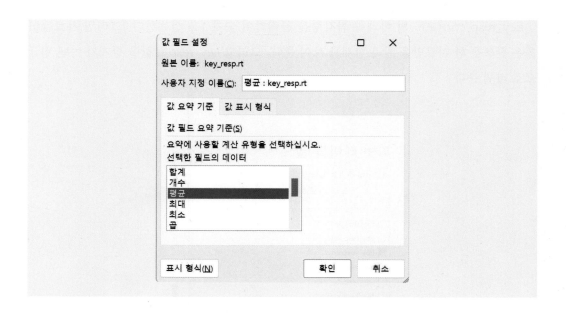

메인 메뉴 삽입에서 차트 아이콘 중 꺾은선 그래프를 선택하면, 자동으로 회전 각도에 대한 반응 시간 그래프를 정상 이미지(1)와 거울상 이미지(−1)를 각각 그려 준다.

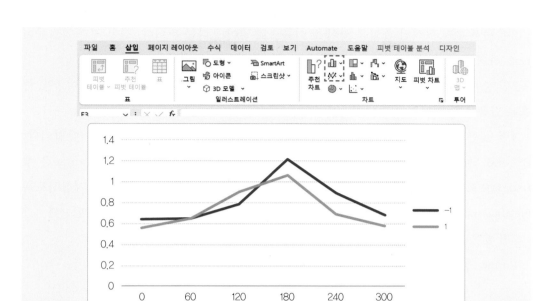

4. Pandas 피벗 테이블: 심적 회전 자료를 이용하여

Coder 창에 직접 Python Code를 입력하여 결과를 얻어 본다.

new → Save as를 선택하여 실험 프로그램이 있는 폴더에 mr_analysis라는 이름으로 저장한다.

그리고 다음과 같이 코드를 입력한다. 앞에서 했던 코드와 유사한데, 맞은 반응만 선택하는 부분이 추가되었다. 앞의 설명과 중복되지만 다시 설명해 본다.

```
1  import pandas as pd
2  df = pd.read_csv('data/404686_mr_flip_full_2024-01-01_18h33.30.023.csv')
3  dfs = df[df['key_resp.corr'] == 1]
4  out = dfs.pivot_table(index='angle', columns='mirroring', values='key_resp.rt', aggfunc='mean')
5  print(out)
```

1번 줄은 pandas 패키지를 pd라는 약칭으로 불러온다. Pandas는 Python 언어로 자료 처리할 때 제일 많이 이용된다.

2번 줄은 CSV 형식의 파일을 읽어 df 이름으로 넣어 둔다는 뜻이다. 실험 결과 자료들이 Data 하위 폴더에 있어서 파일 이름 앞에 폴더 이름과 '/'를 붙였다.

3번 줄은 이전 자극 확률 효과 분석과는 다르게 삽입된 것이다. key_resp.corr이 1인, 즉 옳은 반응을 한 자료만 골라내어 변수 dfs에 담는다.

4번 줄은 pandas의 pivot_table 함수를 사용하여 피벗 테이블을 만드는 방법이다. Excel로 만들었을 때 사용했던 변수들을 각 위치에 담아 주기만 하면 된다. angle은 행 (index)으로, mirroring은 열(columns)로, key_resp.rt는 값(values)을 평균으로 계산하도록 (aggfunc=mean) 매개변수들을 배정하여 피벗 테이블 함수를 부르고, 변수 out에 담는다.

5번 줄은 변수 out을 출력한다.

Runner 창에 결과가 다음과 같이 나온다.

```
!    Alerts (0)

≥    Stdout

⊙    2835.4327    INFO    Loaded monitor calibration from
     ['2022_03_04 23:17']
     ####### Running: C:\Users\namjo\Dropbox\PsychoPy
     book\MR\mr_analysis.py ########
     mirroring    -1.0        1.0
     angle
     0.0        0.641440   0.561483
     60.0       0.651861   0.650589
     120.0      0.784344   0.899202
     180.0      1.207328   1.058195
     240.0      0.894872   0.690078
     300.0      0.676227   0.580616
     ################ Experiment ended with exit code 0
     [pid:16392] ################
     |
```

글자의 각도가 0도일 때 판단 시간이 가장 빠르고 회전 각도 180도에 가까울수록 느려진다. 엑셀처럼 그래프를 그리기 위해서 다음의 Code를 추가한다.

```
7    import matplotlib.pyplot as plt
8    out.plot()
9    plt.show()
10
```

Python 그래프 활용 패키지에서 가장 많이 쓰이고 기본이 되는 matplotlib이다.

7번 줄은 matplotlib.pyplot 패키지를 plt라는 약칭으로 불러온다.

8번 줄은 피벗 테이블의 결과 out 안의 자료를 그래프로 만든다. 많은 옵션이 있지만 기본값을 사용하여 출력해 본다.

9번 줄은 그린 결과를 matplotlib.pyplot의 외부 출력 툴을 불러 그림이 화면에 보이도록 한다.

실행을 시키면 별개의 창이 등장하면서 다음과 같은 그림을 제시한다.

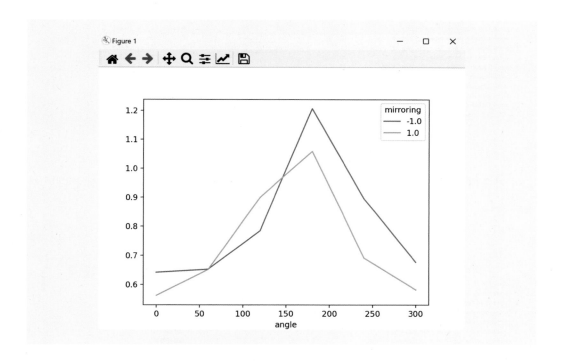

5. Jupyter 활용하는 전체 피험자 자료 분석: Flanker 자료를 이용하여

Flanker 과제 실험 프로그램으로 자동 생성된 결과 파일(csv data file)을 살펴보면, 다음과 같은 형식으로 되어 있다.

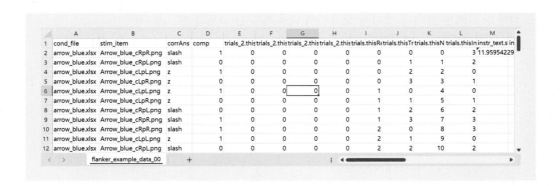

이 가운데 불필요한 부분을 숨기고 우리가 분석에서 필요한 Header만 뽑아서 본다면 다음과 같다.

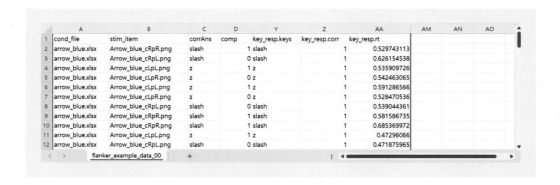

Header 명칭을 살펴본다. 과제 실험 변인인, cond_file(flanker task type-blue/pink/mixed), compatibility(compatible(1)/incompatible(0)) 두 가지와 측정 변인으로 reaction time(key_resp.rt)이 있으며, 맞은 반응 자료 선별을 위한 반응의 정오(key_resp.corr)가 있다.

우선 한 명의 참가자 자료를 이용하여 분석을 해야 한다. 자료 분석이 제대로 되는지 기본 순서를 잡아 놓는다. 스무 개의 자료를 반복해서 분석하고 이를 통합해야 하므로 Excel 작업은 상당히 번거롭다. 이번 분석은 처음부터 Jupyter를 이용한다. Jupyter는 Python의 interpretive 특성을 잘 살려 주는 응용프로그램이다. Jupyter 설치 방법은 부록 D를 참고하기를 바란다.

새 창을 열면 notebook에 쓸 Python interpreter를 선택하라고 한다. Python 3을 선택한다.

분석할 파일을 읽기 위하여, 자료 파일이 어디에 있는지, 그 폴더를 Jupyter에게 알려 줘야 한다. 즉, 다음 그림에서 os.chdir('??') 안에 있는 ??를 대치해야 한다. 여기서 OS는 윈도우 탐색기 역할을 하는 Python 패키지이고, chdir은 change directory로 폴더 위치를 변경하는 함수이다.

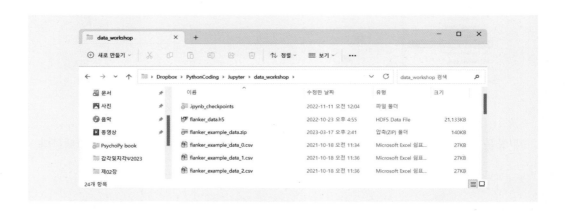

실험 프로그램의 참가자 자료는 실험 프로그램이 실행되었던 폴더의 하위 폴더로 data라고 되어 있다. Windows 탐색기를 이용하여 이를 찾아간다.

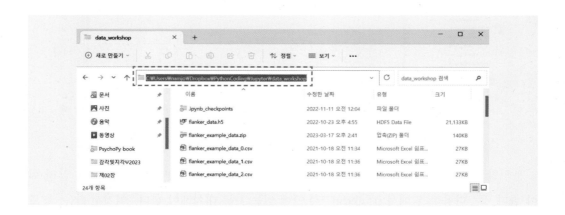

폴더 경로에 있는 아이콘을 클릭하면 컴퓨터 시스템이 사용하는 경로 형식으로 바뀐다.

이것을 ctrl+c로 복사하여 Jupyter의 '??' 위치에 ctrl+v로 붙인다.

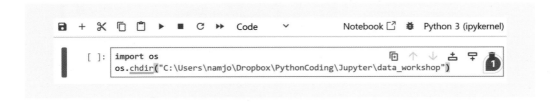

위에 있는 play 표시를 클릭하면 실행한다. 또는 shift-return 조합을 사용하면 같은 작용을 한다.

그런데 일단 실행을 해 보면, 분홍 영역이 생기는데, 분홍 영역에 붉은 글자가 나타난 것은 명령어 사용에서 무엇인가 오류(error)가 생겼다는 이야기이다. 당황하지 말고, 맨 마지막에 SystemError를 잘 읽어 보면, escape 문자라는 내용이 있다. 이것은 backslash와 관련된 오류라는 뜻이다. 폴더 경로와 관련된 오류 중 제일 흔한 것이다. 컴퓨터에서 backslash는 알파벳 철자와 조합해서 특수한 의미를 가지며(escape character), "escape + 철자" 조합이 아니라 backslash 원래의 의미로 쓴다는 점을 알려 주려면 반드시 이중 backslash로 사용해야 한다. 여기서 폴더 경로라는 것을 명시적으로 알려 주기 위해서는 단일 backslash에 하나를 더해 이중 backslash로 고친다. 다시 실행을 하면 다음과 같이 분홍 영역이 사라진다.

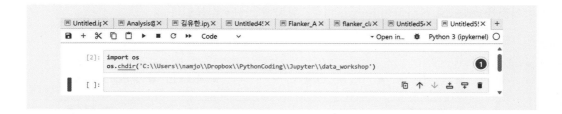

또는 인용부호 안의 문자가 에스케이프 문자가 아닌 문자 그대로의 뜻이라는 접두사 'r'을 붙여도 같은 결과를 얻는다.

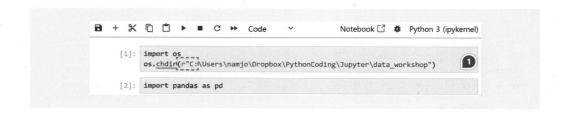

Python에서 파일 분석은 pandas package를 활용한다. 두 번째 줄의 명령문 import pandas as pd는 pandas 패키지를 pd라는 축약어로 불러들여 사용할 것임을 선언하는 것이다.

Pandas는 CSV형식을 쉽게 읽을 수 있다. pandas 패키지는 다양한 함수를 구비하고 있는데, pandas.read_csv(여기서는 축약어를 써서 pd.read_csv)는 CSV형식을 읽는 함수다. 이를 df라는 변수에 할당한다.

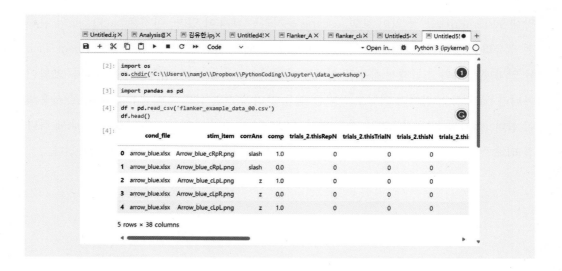

실험은 정반응인 자료만을 분석하는데, 이를 알려 주는 Header는 key_resp.corr이다. key_resp.corr이 1이면 정반응이고, 0이면 오반응이다. 앞에서 연습한 바와 같이 다음처럼 입력한다.

df['key_resp.corr'] == 1의 의미는 df 자료의 key_resp.corr 헤더인 열에서 1인 것을 참 (True)인지 확인한다. 그리고 df[df['key_resp.corr']==1]로 참인 df 자료만을 골라서 df_c 라는 변인으로 저장한다.

이 자료로 피벗 테이블을 만든다. 명령어 형식은 다음과 같다. 과제의 실험 변인인, flanker task type(blue/pink/mixed)을 index(행)로, compatibility(compatible/incompatible)는 comp 컬럼(열)으로, 측정 변인 reaction time은 value로 하고 평균을 내는 함수를 쓴다고 하는 것이다. 정오반응은 이미 정반응만을 추출하는 데 사용했다.

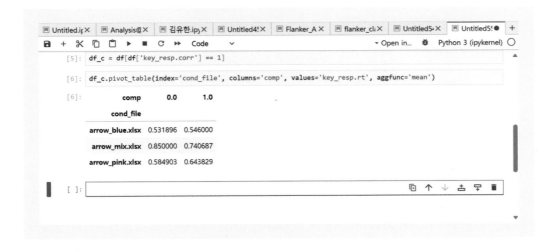

이제 한 참가자의 자료를 분석했으니, 다른 참가자의 자료를 분석할 차례이다. 그런데 pivot_table 결과 형식은 복수의 자료를 행으로 결합하기가 좋지 않다. pivot_table 함수와 유사하지만 행으로 결합하기 좋은 자료 배열 방식으로 결과를 내는 groupby 함수를 사용한다.

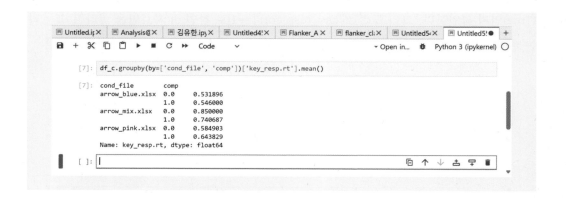

자료 df_cg의 index를 리셋(reset)하면 다음과 같이 바뀐다.

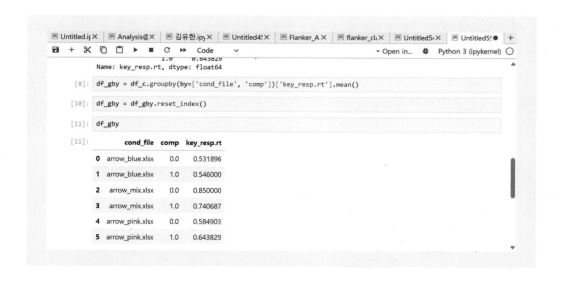

특정한 한 참가자의 자료 분석 결과를 얻었다. 이제 각 참가자의 자료를 참가자 변인으로 삼고 반복 측정 ANOVA분석을 하려면 각 자료에 실험 참가자 정보를 부가해야 한다. 참가자 id를 배정하기 위하여 id column을 새로 만들어 삽입한다. Python 리스트는 [1]*6을 [1, 1, 1, 1, 1, 1]로 만든다.

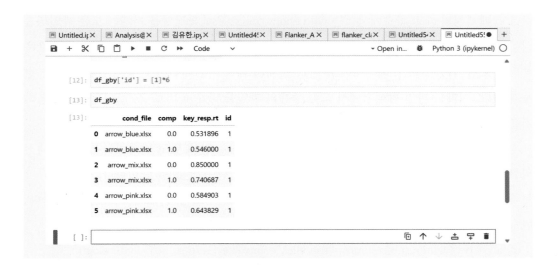

이제 반복문(for loop)을 사용하여 모든 참가자의 자료를 분석할 기본적인 준비가 되었다. 분석이 필요한 모든 data 파일명을 Python list 자료형으로 만들고, 이를 반복문에 입력할 수 있도록 준비를 해야 하는데, glob package를 이용하면 쉽게 해결이 된다.

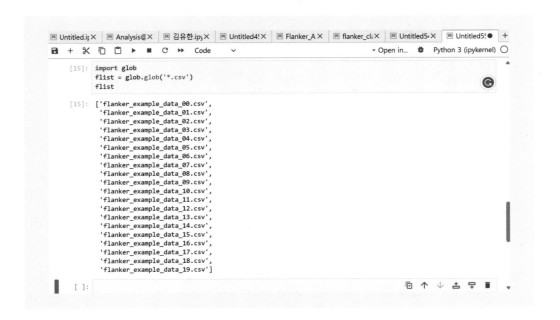

glob 패키지의 glob 함수에서 '*'는 wild characters로 'csv' 확장자를 가지는 모든 파일명을 읽어 변인 flist에 할당하게 된다. 그런데 실험 자료 이외의 csv 확장명을 가지는 파일이 같은 폴더에 포함되어 있으면, 해석하기도 어려운 에러 메시지를 내면서 실행 중간에 멈추는 경우가 있다. 이때는 파일 탐색기에서 그런 종류의 파일을 다른 폴더로 옮기고 다시 실행을 하기를 바란다.

자료 하나에 대하여 지금까지 분석한 절차를 for loop 안에 넣고 반복하도록 한다. 대신 피험자별 분석 결과물들을 결합하기 위한 최종 결과물 변수 df_all을 준비한다.

즉, Pandas의 groupby 함수의 결과를 합치기 위한 변수로써 빈 dataFrame을 준비한다. 변수 초기화라고 간주할 수 있다.

df_all = pd.DataFrame(columns=['condfile', 'comp', 'key_resp.rt', 'id'], dtype=float)

이 columns list는 df_cgn이 가지고 있는 columns와 순서까지도 동일하게 해야 한다.

```
[17]: df_all = pd.DataFrame(columns=['cond_file', 'comp','key_resp.rt'], dtype=float)
      for n, fname in enumerate(flist):
          df = pd.read_csv(fname)

          df_c = df[df['key_resp.corr'] == 1]

          df_cg = df_c.groupby(by=['cond_file', 'comp'])['key_resp.rt'].mean()
          df_cgn = df_cg.reset_index()

          df_cgn['id'] = [n]*6
          df_all = pd.concat([df_all, df_cgn])
```

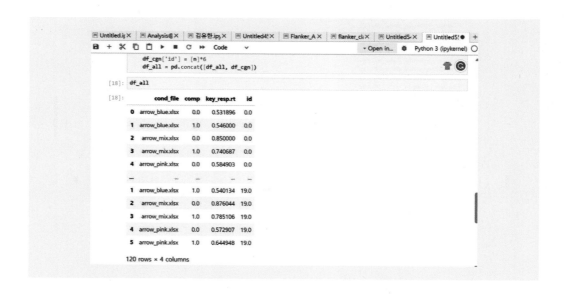

자료를 합친 df_all을 pivot_table 함수로 피벗 테이블을 만든다.

다음 그림에 있는 명령어를 입력하고 실행을 해 보기를 바란다.

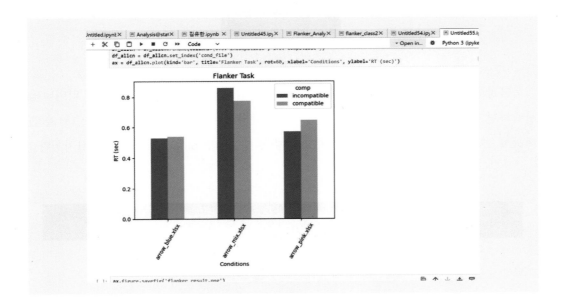

다음과 같이 그래프로 나타난다.

결과 그림은 다음의 명령어를 입력하여 파일로 저장한다.

ax.figure.savefig('graph.png')

다음 단계는 통계 분석이다. 통계 분석으로 반복 검증에 필요한 package는 여러 개가 있으나, 여기서는 pingouin 패키지를 추천한다.

이는 추가 설치를 필요로 하는데, windows ▦–x를 누르면

목록창이 나오는데, '터미널(관리자)'을 선택한다. System에 설치하는 것이므로 '터미널'을 선택하면 설치 도중 쓸 수 없다는 에러 메시지가 나타난다. 반드시 '터미널(관리자)(A)'을 선택하고, 프롬프트에 그림과 같이 입력하고 실행한다. 그러면 pingouin 패키지가 설치된다.

```
PS C:\Users\namjo> cd\
PS C:\> cd "program files\psychopy\scripts"
PS C:\program files\psychopy\scripts> ../python -m pip install pingouin
```

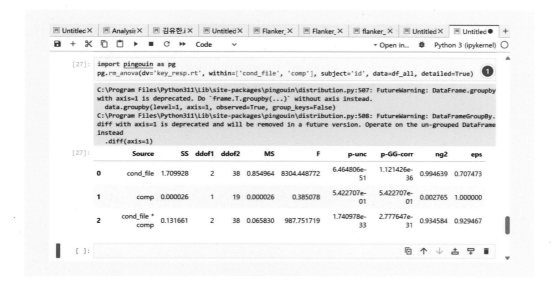

　　pingouin 패키지에 내장된 함수를 사용하여 반복 검증을 한 ANOVA table이다. 각 요인
의 p-value가 모두 0.001보다 작다. 과제(cond_file), 자극 간의 일치성(comp), 그리고 둘의
상호작용 요인이 모두 유의한 효과가 있다. 참고 논문을 보면 결과에 대한 의미와 해석에 깊
이가 더해질 것이다.

부록 A

화면 단위

보통 그래픽 관련 프로그램에서는 왼쪽 상단을 (0, 0) 좌표값을 배정하고 오른쪽 방향으로는 x값이, 아래쪽 방향으로는 y값이 증가한다. 그런데 PsychoPy 화면은 직교좌표 형식의 사분면을 사용한다. 따라서 정중앙의 좌표는 (0, 0)이다. 그리고 사용하는 단위에 따라 값의 변화가 달라진다. 모니터 전체 화면 모드를 사용한다는 가정을 하면서 대표적인 단위 norm, height, pix를 설명하도록 한다.

norm 단위는 normalized이다. 이는 화면을 가로, 세로를 각각 −1.0~1.0 범위로 좌표를 정해 준다. 따라서 x와 y 값의 범위가 −1.0~1.0로 같다. 그러나 일반적으로 모니터의 가로 세로 화면 비율이 다르기 때문에 정사각형을 그려도 직사각형으로 보이는 상황이 발생한다.

Unit_demo라는 프로그램을 만들어 이를 확인해 본다.

![Save file as 대화상자 스크린샷. 상단에 "Save file as ..." 제목과 PsychoPy b... › Appendix_demos 경로가 표시되어 있고, "일치하는 항목이 없습니다."라는 메시지가 나타난다. 하단에는 파일 이름(N): unit_demo, 파일 형식(T): PsychoPy experiments (*.psyexp)가 입력되어 있으며 저장(S)과 취소 버튼이 있다.]

Polygon 컴포넌트를 사용하면 기하 형태를 쉽게 그릴 수 있다. Shape 항목에서 직사각형(rectangle)을 선택한다.

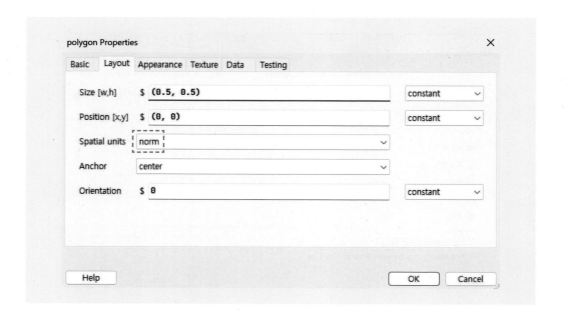

그리고 먼저 units은 norm을 사용해 보자.

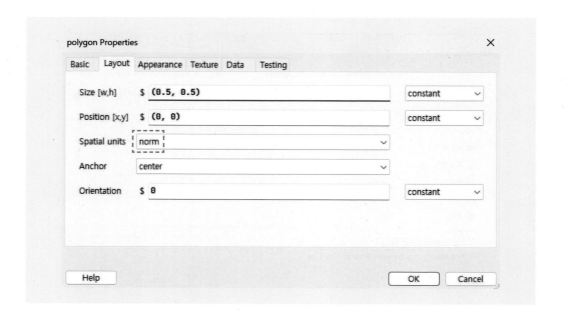

    사각형의 크기는 화면의 전체 크기와 비교해서 가로의 1/4, 세로의 1/4로 그려진다. 정사각형을 기대했지만 화면 크기에 비례한 직사각형이 그려진다.

    다음은 Norm 단위로 가로 세로 길이가 0.5로 같은 사각형을 그렸을 때 중요 좌표점을 나타낸 그림이다.

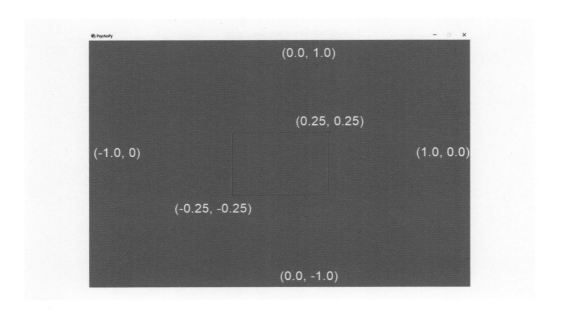

화면 비율 때문에 정사각형이 직사각형으로 보이게 되는 상황을 방지하기 위해 height 단위가 등장한다. height 단위는 모니터 해상도와 관계 없이 세로 높이를 1로 정한다. 그리고 좌표 범위는 −0.5∼0.5가 된다. 가로는 세로 해상도를 1.0으로 정한 경우를 기준으로 이에 비례해서 범위가 정해진다. 예를 들어, FHD 모니터의 경우 해상도는 1920×1080이다. 세로가 1.0이므로 1080 pixel이 1.0이다. 1920 pixel은 이와 비례해서 1.778이 된다. 화면에 있는 점(pixel) 하나의 가로세로 크기를 같게 보는 것이다. 따라서 Size[w, h]에 (0.5, 0.5)를 입력하면 정사각형이 그려진다.

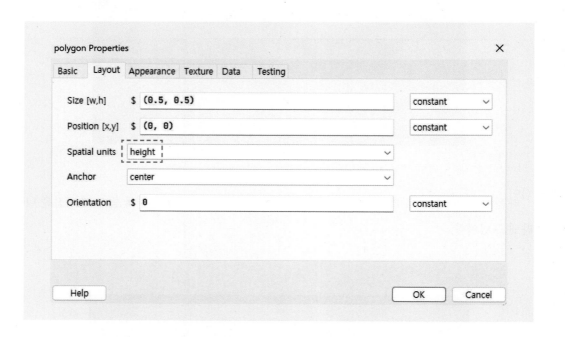

height 단위로 가로세로 길이가 0.5로 같은 사각형을 그렸을 때 중요 좌표점을 나타낸 그림이다.

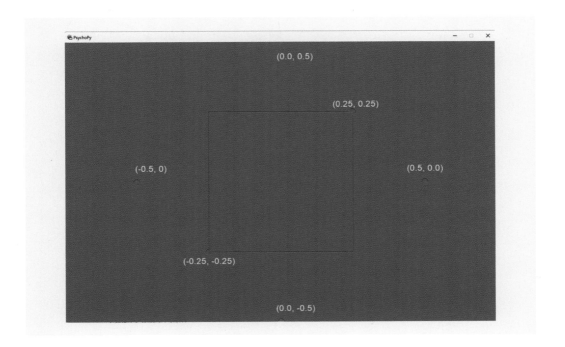

Pix 단위는 화면의 pixel 하나를 1로 간주한다. 그러므로 모니터의 해상도가 좌표의 범위를 결정짓는다. 일반적인 1920x1080 해상도의 모니터는 좌표값으로 가로 −860~860, 세로 −540~540 범위를 정수로 표현하게 된다.

이외에도 시각도(degree of visual angle), degFlatPos, degFlat가 있다.

시각도는 화면 크기와 보는 거리를 동시에 고려하는 단위이다. 57cm로 보는 거리를 정하면 화면의 1cm가 시각도 1°가 된다. 화면이 평면인 경우 정면과 측면 각각은 눈과의 거리가 같지 않다. 따라서 자극은 그려지는 장소에 따라 지각적으로 왜곡이 생길 수밖에 없다. 이 부분을 고려하는 단위가 degFlatPos, degFlat이다. degFlatPos는 위치를 정확하게 하는 장점이 있다. 대신 도형 크기는 정확하지 않다. degFlat은 도형 크기를 정확하게 하는 장점이 있다.

부록 B

화면 제시의 시간

컴퓨터로 실험의 전 과정을 진행하면 자극 제시, 반응 측정, 실험 과정 기록 등을 정확하게 할 수 있다. 그렇다고 해서 프로그램에서 설계한 대로 언제나 틀림없이 한다고 할 수는 없다. 그렇지만 컴퓨터 기능을 정확하게 이해하고 시행을 설계하면 컴퓨터는 정확하게 수행한다.

심리학이나 뇌인지과학에서 인지 과정을 분석할 때 대부분의 경우 1,000분의 1초라는 아주 짧은 시간 단위를 사용하고 있다. 특정 인지 과정을 일으키는 자극의 노출 시간을 정밀하게 조절하여 인지 과정의 시간적 흐름에 따른 변화를 알아보고자 한다. 이런 목적으로 Stimuli 그룹에 있는 컴포넌트들은 Basic 탭에 기본 선택이 Time(s)인 Start(등장)와 Stop(퇴장) 항목이 있다. 지금까지 사례 대부분에서 자극의 노출 시간은 기본 선택인 time(s)으로만 조절했다.

그러나 제시 시간을 다루는 더 중요한 개념은 frame이다. Frame은 모니터에서 자극이 제시되는 한 장면(scene)이다. 모니터의 스펙에서 주사율(refresh rate)이 있다. 이는 모니터가 화면을 얼마나 자주 갱신할 수 있는지를 나타내는 빈도(Hz)다. 일반적으로 60Hz 모니터가 많이 사용되고 있는데, 이는 1초에 화면을 60번 바꿔 가며 제시할 수 있다는 것이다. 그런데 1 frame은 1/60 second인데, 이는 16.6667 millisecond(1,000분의 1초)이다. 이 시간이 모니터의 제시 시간 단위가 된다. 자극을 1 frame 제시하면 16.6667 millisecond 동안 화면에 있다는 의미이다. 따라서 60Hz 모니터의 경우 아무리 짧게 제시한다고 해도 16.6667 millisecond보다 짧게 제시할 수는 없는 것이다. 그리고 이 단위의 배수로만 자극 제시 시간을 만들 수 있다. 예를 들면, 60 frames = 1 second, 30 frames = 0.5 second, 15 frames = 0.25 second, 12 frames = 0.2 second이다. 그런데 0.12초 제시한다면 7.2 frames을 만들어야 하는데, 이는 가능하지 않다. 기술이 진보하여 1,000Hz 모니터가 등장하지 않는 한 모니터의 한계를 염두에 두어야 한다. 현재는 주사율이 높은 144Hz 모니터가 있는데, 이 모니터의 자극 제시 시간 단위는 1/144 second = 6.9444 millisecond가 된다. 실제 주사율은 프로그램을 실행한 결과파일(.csv)의 맨 마지막 열에 있다.

이와 밀접한 컴포넌트 제시 시간과 관련된 항목으로 Start와 Stop이 있다.

```
time (s)
frame N
condition
```
Start 항목의 옵션은

이다. 루틴이 시작할 때 시간을 0으로 리셋한다. 이 시간을 기준으로 컴포넌트 가동(예: 자극 제시)을 ① time (s) − 얼마의 시간이 경과했을 때, ② frame N −몇 번째 프레임에서, ③ 어떤 조건에서 할 것인지 결정한다. 3번의 예는 9장에서 다뤘다.

```
duration (s)
duration (frames)
time (s)
frame N
condition
```
Stop 항목의 옵션은

이다. Duration(제시 기간)은 루틴 시간이 아니라 컴포넌트의 Start 시간을 기준으로 ① duration (s) − 얼마 동안 (초 단위), ② duration (frames) − 몇 프레임 동안 (frame 단위)이다. 나머지 세 개는 Start 항목과 동일하게 루틴 시작 시간이 기준이다.

부록 C

Loop의 loopType

Loop 속성창의 속성 중 loopType이 있다. 기본 선택은 random인데, 그 외에도 다음 그림과 같은 선택(random, sequential, fullRandom, staircase, interleaved staircases)을 할 수 있다.

Loop Properties		✕
Name	loop	
loopType	random ⌄	
Is trials	random	
	sequential	
	fullRandom	
	staircase	
	interleaved staircases	
nReps	$ 5	
Selected rows		
random seed	$	
Conditions		📁 📄
Help		OK Cancel

Conditions 파일로 만든 파일에 자극으로 제시할 자극이 네 가지 종류(1, 2, 3, 4)가 있다고 가정한다. 이를 다섯 번 반복(nReps = 5)하므로 자극이 모두 20번 제시된다. 자극이 loopType에 따라 어떻게 제시되는지 알아보도록 한다.

첫째, sequential의 경우이다. [1, 2, 3, 4,] [1, 2, 3, 4,] [1, 2, 3, 4,] [1, 2, 3, 4,] [1, 2, 3, 4,]의 순서로 제시된다. 이것 [1, 2, 3, 4,]을 block이라고 하는데, 섞지 않고 반복하는 것이다.

둘째, random의 경우이다. Block 단위로 섞어서 제시한다. 예를 들면, [1, 3, 4, 2,] [2, 3, 1,

4,] [3, 2, 1, 4,] [1, 2, 4, 3,] [3, 4, 1, 2,]이다. 같은 자극이 연속해서 나올 경우가 발생하지만 그렇게 자주 나오지는 않는다.

셋째, fullRandom의 경우이다. Block 단위를 무시하고, [1, 2, 3, 4, 1, 2, 3, 4, 1, 2, 3, 4, 1, 2, 3, 4, 1, 2, 3, 4,]를 모두 섞어서 제시한다. 극단적인 경우 [1, 1, 1, 1, 1, 2, 2, 2, 2, 2, 3, 3, 3, 3, 3, 4, 4, 4, 4, 4]의 순서로 제시될 가능성도 존재한다.

결론적으로 block randomization이라고 하는 일반적인 무선 제시 방식은 기본 선택인 random으로 실현할 수 있다.

부록 D

Jupyter 설치

실험 프로그램을 Coder로 작성하는 경우가 아니라면, Python의 대화형 Interpreter 능력을 활용하는 데는 Jupyter를 권장한다. Jupyter는 PsychoPy에 포함된 것이 아니므로 사용자가 직접 설치하여 써야 한다. 물론 Anaconda 등의 패키지에는 기본으로 설치되어 있다. 그렇지만 본서에서는 PsychoPy를 주로 사용하여 실험에 관련된 대부분의 것을 한다는 가정을 했기 때문에 Jupyter를 설치하는 방법을 따로 설명하고자 한다.

Python은 pip라는 명령어를 command 창에서 사용하여 package 관리를 하고 있다. 간단한 명령어 옵션을 사용하면 Python 패키지 관리는 매우 쉽다. 그런데 pip 명령어는 자신과 관련된 Python 버전 폴더에 패키지를 설치하기 때문에 Python 버전이 여러 개 있는 경우에는 pip 명령어가 있는 위치를 찾아서 실행해야 하는 번거로움이 있다.[1] 그러므로 제1장에서 권장한 바와 같이 여러분의 컴퓨터에 psychopy 이외의 Python 언어 관련 프로그램이 없다는 전제를 하겠다. 그러면 Python 실행 명령어를 command 창에서 입력했을 때 현재 psychopy를 구성한 3.8 버전이 실행되어야 한다. Windows + X를 눌러 다음과 같은 창이 뜨도록 한다. 그리고 터미널(관리자)(A)을 선택한다. 관리자 모드이기 때문에 보안 문제로 나오는 팝업창에서 예를 클릭한다.

---

1 만일 다른 버전의 Python이 실행되면, 그 버전에 맞는 Jupyterlab이 설치된다. 이 경우는 그 버전의 Python이 있는 폴더를 찾아서 scripts 하위 폴더에 있는 Jupyterlab.exe로 후속 작업을 한다.

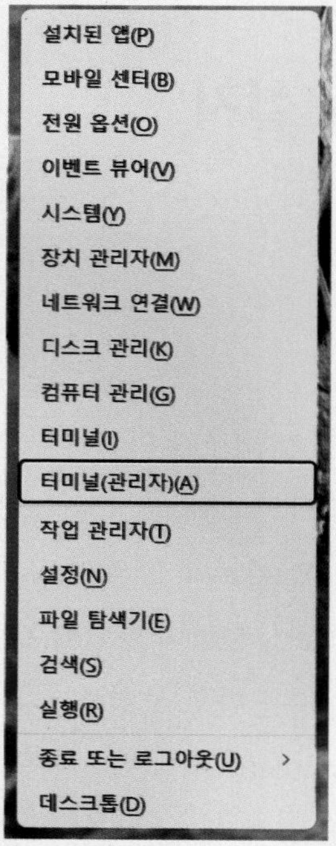

터미널이 실행되면, 다음 그림과 같이 명령어를 차례로 입력한다. [2]

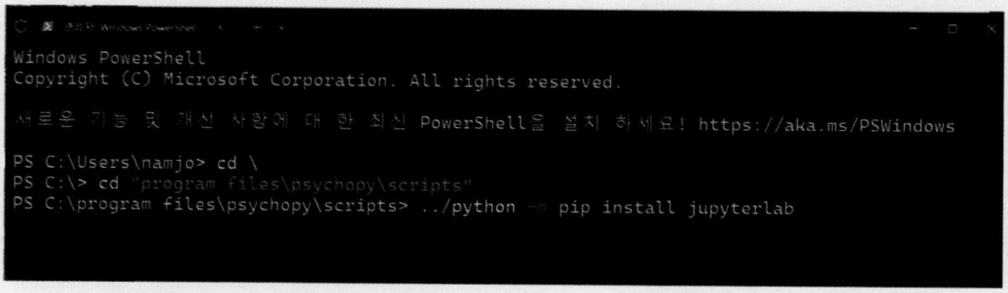

화면에 많은 메시지를 보여 주며 관련 패키지 설치를 한다. 다른 패키지들도 비슷한 방

---

2 Jupyterlab은 Jupyter 보다 개선된 기능을 가지고 있으며, 여기서는 Jupyterlab 설치를 권한다.

식으로 설치를 할 수 있다. 설치가 끝나면, 다시 프롬프트(PS C:₩program files₩psychopy₩ scripts＞)가 나타난다. 파일 탐색기를 사용하여 C:₩Program Files₩PsychoPy₩Scripts 폴더에 가서 Jupyter-lab.exe를 찾은 후, 오른쪽 마우스 버튼을 누르면 다음 팝업창이 뜬다.

더 많은 옵션 표시를 선택하면 다음 창이 새로 뜬다. 여기서 "바로 가기 만들기"를 선택한다.

그러면 windows 시스템은 "여기에 만들 수 없으니 바탕화면에 만들겠다"는 요청을 한다. 시스템 폴더 영역은 관리자가 아니면 쓰기 금지가 되어 있기 때문이다. "예"를 클릭하고 진행한다.

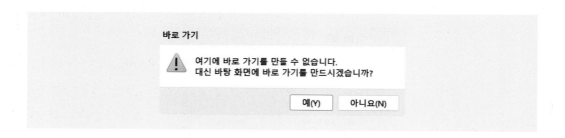

우측 하단과 같은 아이콘의 바로 가기가 만들어진다. 이제 바탕화면에서 이 아이콘을 클릭하면 Jupyterlab이 실행된다.

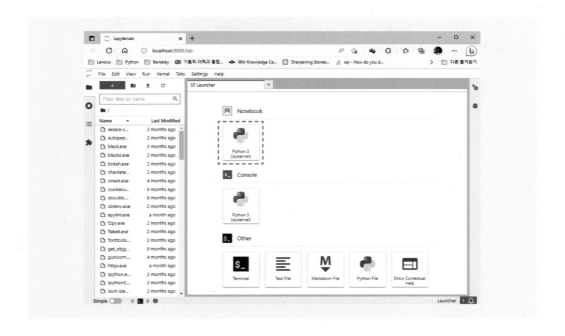

그런데 실행을 하고 Notebook을 새로 만들려고 Python 3 아이콘을 클릭하면, 다음과 같은 에러가 발생한다.

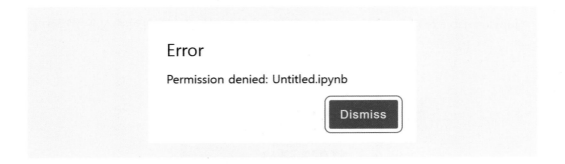

이는 작업을 위한 파일을 만들려고 하는데, 여전히 프로그램의 작업 폴더가 시스템 폴더로 지정되어 있기 때문에 "허용할 수 없다(Permission denied)"는 에러 메시지가 뜬다. 그러므로 아이콘의 속성을 수정하여 시작 위치를 사용자가 쓸 수 있는 다른 폴더로 지정해야 한다. 본인의 기본 폴더 이름을 알기 위해서 윈도우가 설치된 드라이브(C)를 클릭하면 '사용자'라는 폴더가 나온다. 이것을 클릭하면 본인 이름(또는 유사한 이름)으로 된 폴더가 있다. 사용자가 쓸 수 있는 기본 폴더 이름은 "C:\Users\userName"이다. 저자의 경우 "C:\Users\namjo"이다.

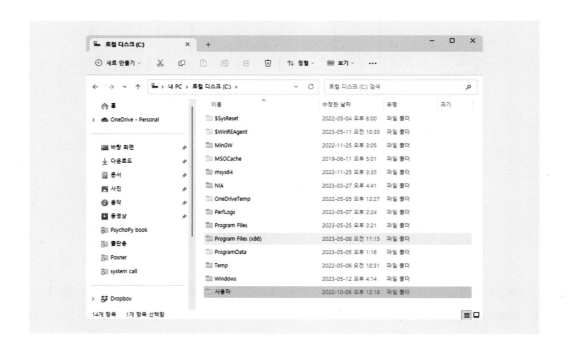

"Jupyter—lab.exe 바로 가기" 아이콘을 오른쪽 마우스 버튼을 클릭하여 속성을 선택한다.

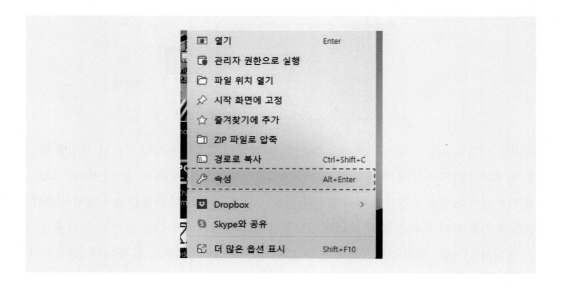

시작 위치가 시스템 폴더인 "C:\Program Files\PsychoPy\Scripts"라고 되어 있다.

시작 위치를 사용자가 쓸 수 있는 기본 폴더 이름으로 바꿔 준다. 파일 탐색기를 이용하여 "내 PC → 사용자" 순서로 클릭하면 본인의 폴더명을 알 수 있다. 저자의 경우는 "C:₩Users₩namjo"로 입력했다. 확인을 클릭하고, 빠져나와서 Jupyter 아이콘을 클릭하고, Python 3 아이콘을 클릭하면 정상적으로 untitled 이름으로 Notebook이 새로 등장한다.

 Jupyterlab을 설치한 후, PsychoPy Builder 실험 프로그램이 csv data를 정상적으로 생성하지 않는 일이 생길 수 있다. 이는 pandas가 Jupyter 설치 때 판올림 돼서 그렇다. 318쪽의 커맨트 창의 최종 디렉토리에서 다음 그림과 같이 명령어를 실행해 주면 문제가 해결된다.

```
PS C:\Users\namjo> cd\
PS C:\> cd "program files\psychopy\scripts"
PS C:\program files\psychopy\scripts> ../python -m pip install psychopy
```

부록 E
PsychoPy 색상

색을 특정 이름으로 사용할 수 있다. white, black, red, green, blue, yellow, gray 이외에도 인터넷 검색으로 "X11 color Names" 키워드를 찾으면 된다.

PsychoPy는 Red, Green, Blue의 쌍을 RGB 색으로 사용하는데, 값의 범위가 −1~1이다. 이 형식은 contrast와 inverse color를 구하기 쉽다는 장점이 있다. 그러나 videocard의 bit 정보와 호환이 용이하지 않다. 대조적으로 RGB255는 일반적인 RGB 색 표현 방식이다. 범위는 0 ~ 255이다. videocard의 bit 정보 호환이 용이하다.

HSV 색은 Hue, Saturation, Value의 각 값을 지정하게 되어 있다. Value는 명도(brightness)라고 생각할 수 있다. 값은 0~1이다. 0은 검은색, 1은 흰색이다. Saturation은 채도라고 볼 수 있으며, 값은 0~1이다. 1이 가장 순수한 색상을 보여 준다. Hue는 범위가 0~360이다. 각 도가 색상이다. 0도가 빨간색(Red), 120도가 녹색(Green), 240도가 청색(Blue)이다.

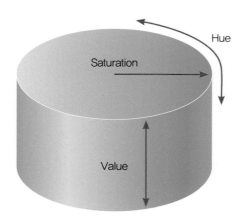

색상이 절대적으로 중요한 실험 요인이 되는 경우 모니터의 색상을 색 보정(calibration)해야 한다. 색 보정은 spectroradiometer라는 장비로 광원(light source)에서 나오는 색을 측정

하고 원하는 정도의 색을 만드는 색상 값(RGB, HSV)을 찾는 과정을 필요로 한다. 안타깝게 도 특정 모니터에 대해 색 보정을 한 후 얻은 데이터를 다른 모니터에서 쓸 수는 없으므로, 사용하는 모니터마다 특정해야 한다. 따라서 실험에 사용되는 도구들은 특정 실험 내에서 는 되도록이면 변경하지 않아야 한다.

부록 F

MacOS에서 Text와 Keyboard 문제

제2장에서 "한글" 글자(Text)를 제시하는 프로그램은 만일 Mac에서 실행하면, 에러가 나온다. ioHub가 관련되었다는 오류인데, 이는 Keyboard 컴포넌트와 관련된 문제이다. Keyboard 컴포넌트를 ioHub가 아닌 Pyglet으로 작동하도록 변경한다.

Builder 창의 톱니바퀴 아이콘을 클릭하여 설정 메뉴를 연다. Input 탭에서 ioHub로 되어 있는 것을 Pyglet으로 변경한다.

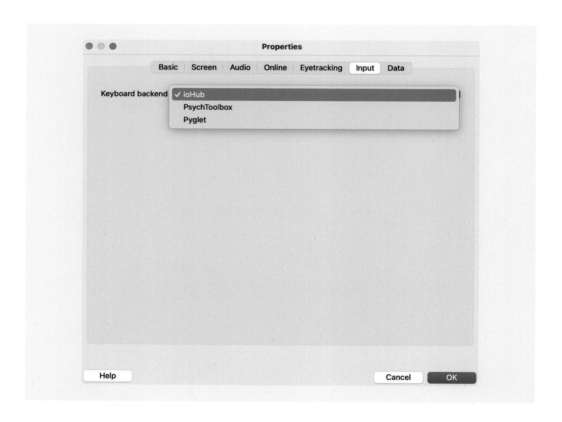

변경 후 프로그램을 실행하면 오류 없이 진행하여 글자가 화면에 제시된다. 그런데 오류 없이 실행이 되도, 다음 그림과 같이 글자가 겹쳐서 나온다.

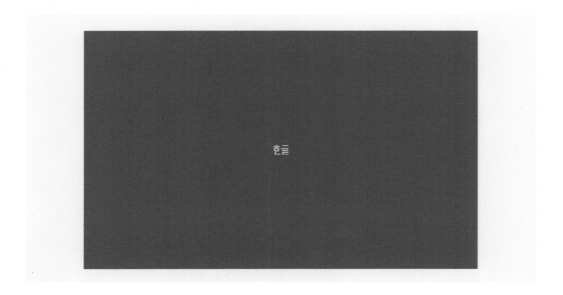

이는 맥에서 사용하는 폰트의 문제이다. 다음과 같이 Text 컴포넌트의 속성창에서 Formatting 탭 항목을 변경한다.

이제 화면 글자는 다음과 같이 제대로 제시된다.

부록 **G**

흔하게 만나는 오류들

본서의 예제를 잘 따라하고, 작성한 프로그램도 실행이 잘되면, 여러분의 실험을 구현하는 작업은 다행히도 평탄한 길을 가는 중이다. 그런데 많은 경우에 작업을 시작하자마자 생각한대로 잘 작동되지 않는 경우가 흔하다. 실행의 오류에는 대부분 해결책이 있다. 다음은 오류 수정을 위해서 확인해 봐야 할 것들이다.

1. 오류의 대부분은 아주 사소한 부분에서 비롯된다. 제일 흔한 것이 변수명에 대한 오타다. 가느다란 철자인 'i', 'I', 'l', 'ı' 등을 빠뜨린 경우 잘 눈에 띄지도 않고, 삽입되었다고 해도 서로 구분이 힘들다.

2. 파일 이름과 관련된 오류로 흔한 것이 확장명을 빼고 파일 이름을 지정하는 것이다. 오타로 인한 오류를 피하려고 파일(대부분의 경우 그림 파일)을 파일 탐색기에서 찾아서 그 이름을 복사해서 붙이는 것은 좋은 습관이다. 그런데 이 파일을 못 찾겠다는 에러 메시지를 남기고 실험 프로그램이 중단되는 경우를 접하면 당황할 수밖에 없다. 복사해서 붙였으니 오류가 있을 수가 없다는 생각이 앞서기 때문이다. 그 원인 중 하나는 파일 확장명이 보이지 않는 상태에서 복사를 해서 그렇다. 같은 이름의 그림 파일이라고 해도 확장명은 PNG, JPG, GIF, BMP 등 다양하다. 파일 탐색기의 옵션을 변경해서 확장명이 보이도록 한 후 완전한 파일 이름을 복사하도록 한다(제2장을 참고).

3. 변수명과 관련된 오류라고 하는데, 아무리 봐도 이름이 다르게 보이지 않는 경우가 있다. 만일 조건 파일의 Header 이름과 관련된 것이라면, 다음과 같은 이유도 가능하다. Excel로 만드는 조건 파일(condition file)에서 Header 이름 속에 스페이스(space)가 여러 위치(앞, 중간, 끝)에 삽입되면 오류가 발생하는데, 특히 끝에 들어가 있는 빈 칸(space)으로 인한 오류는 찾기도 어렵다. 도저히 원인을 찾기 어려우면, 조건 파일을 '복사–붙이기' 없이 다시 만든다.

4. 변수 이름, 컴포넌트 이름, 루틴 이름 등 이름이 중복 사용되면 안 된다. 흔한 오류가 컴포넌트 이름과 조건 파일의 Header 이름과 같은 경우이다. 예를 들면, 자극 제시용 컴포넌트를 stimulus라고 명명하고, 조건 파일에서 제시되는 자극을 똑같이 stimulus 라고 이름 붙이는 경우다. 프로그램 작성 중 변수 이름을 적절하게 만들기 힘들면 자신만의 작명법을 정하는 것도 도움이 된다. 예를 들면, 변수나 컴포넌트 이름은 의미 있는 단어를 쓰고, j_Stimulus와 같이 변수 또는 컴포넌트 어느 한 쪽에 일관성 있게 자신 이름의 이니셜을 맨 앞에 덧붙이는 것도 한 방법이다.

5. Excel로 만드는 조건 파일에서 열(column) 그리고/또는 행(row) 하나를 비우고 만드는 경우, 예를 들어, B열을 빼고 A열과 C열로 condition file을 구성하는 경우, 오류가 발생한다.

6. 파일 경로와 관련된 오류도 많다. 만일 모든 파일을 실험 프로그램과 같은 폴더에 있다면, 이 문제는 발생하지 않지만, 별도의 폴더에 이미지 파일이나 조건 파일을 저장해 둔 경우 경로를 확인해서 수정한다. 다음 그림은 경로를 확인해 달라는 에러 메시지이다.

7. 화면에 Image, Text 등을 제시했는데, 화면에서 보이지 않는 경우가 발생한다. 정상적으로 프로그램이 실행되는데도 이런 경우가 발생하면, 자극의 units을 살펴보고, 값의 범위가 벗어나거나, 불가능한 값을 지정하지 않았나 살펴봐야 한다. 예를 들어,

units=pix로 지정했지만, 자극 크기를 norm 또는 height 단위라고 착각하고 1 미만의 소수점 값을 쓰면 보이지 않게 된다. 그리고 다른 경우로는 화면 단위는 norm 또는 height 인데, units=pix라고 착각하고 자극 위치 좌표를 (50, 100)으로 하는 등, 좌표 범위(−1~1)를 벗어나게 지정하면 모니터 화면 밖에 제시하므로 화면 내에는 보이지 않는다.

8. 7번의 경우를 확인했고 화면에 이미지는 나오는데, Text는 화면에서 보이지 않는 경우가 발생한다. 이것은 화면 바탕색과 글자색이 같아서 발생하는 것이다. 실험 조건에 유의하면서 글자색을 바탕색과 구분할 수 있는 색으로 변경한다.

9. 코드 컴포넌트를 사용했다면 코드가 입력되어 있는 탭이 Begin Experiment, Begin Routine, End Routine 등을 확인해야 한다. 본서에서 코드 입력 시 강조한 탭의 위치를 확인하면 실수가 없을 것이다.

10. 일반적으로 실험 진행이 되지 않고 중간 종료되면 Runner 창을 살펴본다. 맨 마지막 줄에 핵심적인 오류 원인을 알려 준다. 이 메시지를 근거로 인터넷 탐색을 포함한 주변의 도움을 찾아야 한다.

11. 조건 파일의 내용을 수정한 후에는 Loop 속성창을 열어 조건 파일 갱신 아이콘을 클릭한다. 그렇지 않으면 수정 전의 내용으로 프로그램이 실행된다.

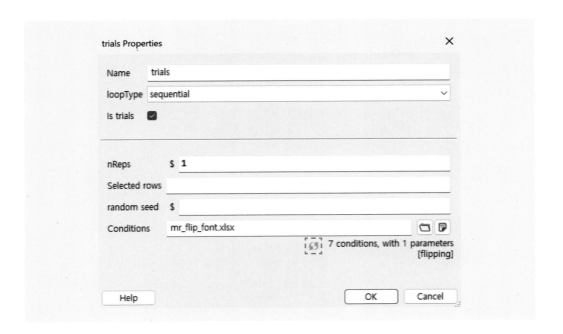

12. 코드(Code) 컴포넌트가 루틴에 포함되면 최상단에 있도록 위치를 최종적으로 조정한다. 피드백 루틴의 경우, 만일 코드 컴포넌트가 메시지 컴포넌트 다음에 위치하면 이전 시행에 대한 피드백을 주는 일이 발생한다.

13. 실험 프로그램 실행이 문제없고, 결과 파일도 만들었으나, 저장된 자료가 한 줄밖에 없는 경우가 있다. 이는 Keyboard 컴포넌트의 Data 탭에서 Store correct를 체크하고 Header 정보를 넣지 않았기 때문이다.

부록 H

극좌표와 삼각함수, 라디안 각도

PsychoPy의 화면은 직교좌표계를 적용하여 위치를 설정하고 있다. 그런데 지각 실험에는 극좌표계(polar coordinates)가 필요한 상황이 많다. 예를 들면, 응시 초점에서 동일한 거리에 자극을 제시하는 것이다. 극좌표계는 특정 점으로부터의 거리(r)와 각도(θ)로 2차원 좌표를 표시하는 체계이다(r, θ).

극좌표계와 직교좌표계는 상호변환되는데, 삼각함수를 이용한다.

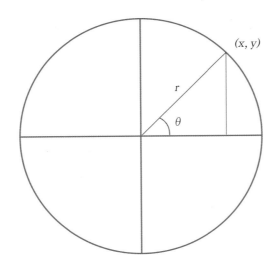

$\cos(\theta) = \frac{x}{r}$ 이므로, x = r · cos(θ)이고, $\sin(\theta) = \frac{y}{r}$ 이므로, y = r · sin(θ)이다. 그러므로 극좌표(r, θ)는 직교좌표(r · cos(θ), r · sin(θ))로 변환된다.

PsychoPy Builder는 각(orientation)을 표현할 때 360도(°) 체계를 쓴다. 그런데 컴퓨터 언어에서 사용하는 함수는 라디안(radian) 각을 사용한다. 라디안은 반지름이 1인 단위원에서 각을 원주상의 길이로 표현한 것이다. 즉, 반지름이 1인 원의 원주는 2π이므로 360°가 2π

가 된다. 따라서 180°는 π이고 다른 각도는 180° : π = a : b의 비례식을 풀면 된다. PsychoPy Builder는 numpy의 deg2rad, rad2deg의 함수를 쓰고 있는데, 각을 라디안으로 바꿀 때는 deg2rad 함수를, 라디안을 각으로 바꿀 때는 rad2deg 함수를 사용하면 된다.

참고문헌

김정오, 오길승(1983). 인지과정이 지각과정에 미치는 영향의 한계: 자극확률효과(刺戟確率效果)를 중심으로. 한국심리학회지: 일반, 4(1), 28-42.

맹세호, 정윤경, 권미경(2014). 한국 아동의 실행기능 발달과 수학능력의 관련성: 측정과 그래프 이해를 중심으로. 한국심리학회지: 발달, 27(1), 95-115.

박창호, 김정오(1991). 전역 및 국지 선행성: 경험적 사실, 모형 및 연구문제. 한국심리학회지: 실험 및 인지, 3, 1-23.

박창호(2005). 전역 및 국지 수준의 처리가 공간 주의의 분포에 미치는 영향. 한국심리학회지: 실험, 17(2), 171-183.

홍리정, 남종호(2020). 동물 크기 비교에서 관찰된 마주봄 방향 효과. 한국심리학회지: 인지 및 생물, 32(1), 101-110. https://doi.org/10.22172/cogbio.2020.32.1.007

Hyman, R. (1953). Stimulus information as a determinant of reaction time. *Journal of Experimental Psychology, 45*(3), 188-196. https://doi.org/10.1037/h0056940

Iachini, T., Ruggiero, G., Bartolo, A. Rapuano, M. & Ruotolo, F. (2019). The Effect of Body-Related Stimuli on Mental Rotation in Children, Young and Elderly Adults. Sci Rep 9, 1169. https://doi.org/10.1038/s41598-018-37729-7

Kosslyn, S. M., Digirolamo, G. Thompson, W., & Alpert, N. M. (1998). Mental rotation of objects versus hands: Neural mechanisms revealed by positron emission tomography. *Psychophysiology, 35*, 151-161. https://doi.org/10.1111/1469-8986.3520151

Moyer, R.S. (1973). Comparing objects in memory: Evidence suggesting an internal psychophysics. *Perception & Psychophysics 13*, 180-184. https://doi.org/10.3758/BF03214124

Navon (1977). Forest before trees: The precedence of global features in visual perception, *cognitive psychology, 9*, 353-383.

Nosek, B. A., & Banaji, M. R. (2001). The Go/No-go Association Task. *Social Cognition, 19*(6), 625-666. https://doi.org/10.1521/soco.19.6.625.20886

Posner, M. I. (1980). Orienting of Attention. *Quarterly Journal of Experimental Psychology, 32*(1), 3-25. https://doi.org/10.1080/00335558008248231

Shepard, R. & Metzler, J. (1971). Mental Rotation of Three-Dimensional Objects. *Science, 171*(3972), 701-703. https://doi.org/10.1126/science.171.3972.701

찾아보기

저자 소개

남종호(Nam Jong-Ho)

서울대학교 사회과학대학 심리학과 문학사

서울대학교 사회과학대학원 실험심리학 문학석사

Ph.D. Cognitive Psychology Rutgers, the State University of New Jersey, New Jersey, USA

PostDoc Department of Cognitive Science, University of California, Irvine, California, USA

현 가톨릭대학교 심리학과 교수

〈주요 저서〉

심리학 연구방법(9판, 사회평론아카데미, 2016)

심리학의 이해(5판, 공저, 학지사, 2019)

행동신경과학(공저, 사회평론아카데미, 2022)

감각 및 지각 심리학(11판, 공저, 박학사, 2023)

심리학 실험 제작 프로그램
PSYCHOPY
BUILDER 사이코파이 빌더
예제로 배우기

2024년 8월 10일 1판 1쇄 인쇄
2024년 8월 15일 1판 1쇄 발행

지은이 • 남종호
펴낸이 • 김진환
펴낸곳 • ㈜ 학지사

　04031 서울특별시 마포구 양화로 15길 20 마인드월드빌딩
대표전화 • 02-330-5114　　팩스 • 02-324-2345
등록번호 • 제313-2006-000265호

홈페이지 • http://www.hakjisa.co.kr
인스타그램 • https://www.instagram.com/hakjisabook

ISBN 978-89-997-3185-3 93180

정가 28,000원

출판미디어기업 **학 지사**

간호보건의학출판 **학지사메디컬** www.hakjisamd.co.kr
심리검사연구소 **인싸이트** www.inpsyt.co.kr
학술논문서비스 **뉴논문** www.newnonmun.com
교육연수원 **카운피아** www.counpia.com
대학교재전자책플랫폼 **캠퍼스북** www.campusbook.co.kr